JN022110

ネイティブ英文法

［編集委員長］畠山雄二
［編集幹事］本田謙介・田中江扶

3

Phonology and Morphology

音と形態

都田青子・平田一郎［著］

朝倉書店

シリーズ〈ネイティブ英文法〉

編集委員長　畠山雄二

編集幹事　本田謙介・田中江扶

第3巻執筆者

都田青子　津田塾大学学芸学部 教授

平田一郎　学習院大学文学部 教授

ネイティブ英文法とは

　日本は英語教育大国であり，日本ほど英語が一大産業となっている国もない。高校受験であれ大学受験であれ，受験の英語で問われているものは，そのほとんどが文法の力である。そのようなこともあり，書店で売られている英語に関する本は，英会話や資格試験を扱ったものを除けば，ほとんどが英文法関連のものである。

　さて，その英文法関係の本であるが，国内で売られているものといったら，そのほとんどが，日本人が日本人向けに書いたものである。日本人が英語の母語話者（ネイティブ）向けに書いたものは皆無なのは当たり前だとして，英語ネイティブが日本人向けに書いたものは，あることはあるが，そう多くはない。あるにしても，著者が理論言語学的な知見を持ち合わせていないこともあり，「英語ネイティブだとこういった表現はこう感じるんだよね〜」といったトリビア的な内容のものがほとんどである。

　では，英語ネイティブが英語ネイティブ向けに書いた英文法の本はどうであろうか。この手の本は，もちろん売られてはいるが，日本（の小さな書店）で見かけることはあまりない。目にするにしても，大型書店の洋書コーナーで見かけるぐらいである。つまり，英語ネイティブによる英語ネイティブのための英文法の本は，フツーの日本人がフツーに書店で見かけることはまずないのだ。ただ，この英語ネイティブによる英語ネイティブのための英文法の本であるが，非常にいいのである。私たち日本人が読んでも非常に勉強になる。

　英語ネイティブが英語ネイティブ向けに書いた英文法の本は，その中身が，日本人が日本人向けに書いた英文法の本や，英語ネイティブが日本人向けに書いた英文法の本とかなり異なる。日本人を読者として想定していないこともあり，日本人が日本でフツーに学べる英文法と一味も二味も違う。「えっ，英語ネイティブって英語をこう見ているんだ〜」と思えるものがたくさんある。覚えるための英文法とは違うこともあり，受験などでは使えないものが多いかもしれないが，受験以外では使えるものだったりする。つまり，英語ネイティブが英語ネイティブ

向けに書いた英文法の本には本当に使える英文法がたくさんあるのだ。

　本シリーズでは，執筆者に，国内外で定評のある，英語ネイティブによる英語ネイティブのための文法書を 10 冊近く読んでもらい，その内容をわかりやすい日本語で明瞭かつ簡潔にまとめてもらった。その際，執筆者独自の見解もとりいれてもらい，「英語ネイティブによる英語ネイティブのための文法書」を日本人の目から，日本人のために，あらためて整理してもらった。本シリーズでは，参考にした文献の出典を逐次紹介しているので，詳しく知りたい人は原著にあたってみるといいであろう。

　本シリーズをとおして，読者諸氏には，英語ネイティブが母語をどう見て，そしてどう感じ，さらにはどう分析しているのかを知っていただけたらと思う。そして，私たち日本人が知らない「ネイティブ英文法」とはいかなる姿をしているのかじっくり観察してもらえたらと思う。

編集委員長　畠 山 雄 二

　この本はシリーズ「ネイティブ英文法」の第3巻『音と形態』です。シリーズのほかのタイトルは『時制と相』『破格の構造』『英文の基本構造』『構文間の交替現象』となっていて，どれも文法トピックとしては外せないものばかりなので，日本人向けの英文法書の中で登場する機会も多いものです。この『音と形態』は，その意味で少し目立っていて，普通日本人向けの本にはあまり出てこない「音」と「形態」を主に扱います。

　『英文法解説』（江川泰一郎，金子書房），『ロイヤル英文法』（綿貫陽他，旺文社），『総合英語 Forest』（石黒昭博，桐原書店）の3冊の英文法書が今手元にありますが，この中には音や単語の形態に特別な章を割いている本が1冊もありません。これは本書にとってよい面と悪い面があります。よい面は，この本に書いてあることの多くが，読者にとって新しいことがらであろう，ということです。英語の音に関することであるにせよ，英語の単語のつくり方（形態）に関することであるにせよ，おそらく普通の中学校や高等学校で詳しく習うことはあまりないだろうと思います。その意味で著者たちは有利です。読者に「そんなこともう知ってるよ」といわれてしまう危険が少ないからです。実際，大学で英語を教えていると，学生の反応が一番いいのは音に関する話です。たとえば，学生に "Come on!" を発音してもらったとしましょう。読者のみなさんもちょっとやってみてください。本来，この2つの単語はそれぞれカムとオンと発音されますが，多くの学生は「カムオン!」とは発音せず，「カモン!」と発音します。でもなぜ「カムオン」ではなく，「カモン」なのか……。そのような問いかけに対して学生たちはちょっと驚いた表情をみせます。さらに，カモンの「ン」は「レモン」の「ン」とは発音の仕方が実は異なるという話をするとさらに驚いた表情となります。これはごく簡単な例ですが，ほんの少し「ちゃんと」英語の音や単語のつくり方を学ぶだけで，英語に対する理解がずっと深まります。

　その反面，音や単語のつくり方は多くの読者にとって目新しい領域ということ

になりますので，これまでに読者が聞いたことがないような用語を多少は使う必要があります。これはやや著者たちにとって不利，あるいは challenging な点です。たとえばタイトルの『音と形態』にある「形態」とは何でしょうか？「単語」ではだめでしょうか？　だめなのです。たとえば believe という動詞は，believe という形のほかに，believe-s, believ-able, un-believ-able のようにさまざまな形をとります。-able だけは be able to というような形で独立した単語としても使いますが，-s や un- などは独立して使える単語ではありません。でも三人称単数形の -s は believe 以外でも多くの動詞につきますし，un- も un-natural, un-healthy のように多くの形容詞について，それ自身で「〜でない」という意味をもちます。ということは，-s や un- のような「単語より小さな言葉の単位」を言い表す名前が必要で，これが形態（形態素）です。

　この本を書き始めるにあたって私たちは 2 つのことを目標にしました。1 つ目は，どの話も事実の列挙ではなく，なるべく「物語」にしよう，ということでした。ともすると文法は「覚えるべきことの一覧表」のようになって，無味乾燥で機械的なものになってしまいます。最終的に言語習得を目的とする文法にそのような側面があることは否定できませんが，それでもなるべく読み物として読んでもおもしろい内容になるように心がけました。2 つ目は，「音」と「形態」という別の項目が集まった 1 冊の本ではなく，『音と形態』という 1 つのまとまりがある本にしようということです。音と形態は密接に関係しています。時としてある現象を考えるのに，音からみる場合と形態からみる場合とを関係させることでより深い理解につながる場合があります。私たちはなるべくそのような現象を拾い上げようとしました。その現れとして，本の前半が音，後半が形態，のような章の立て方ではなく，前後する奇数章（形態）と偶数章（音）が 1 つのユニットをなし，形態と音の章が交互に現れるように構成しました。そして章が後ろに進むにつれて，小さい言語単位から大きい言語単位の話になるようにしました。もちろん，各章で単独の読み物になるようにもしていますが，奇数章と偶数章をひとまとまりで読んでいただけると私たちの意図がよりよく伝わるのではないかと思います。

2020 年 1 月

都田青子・平田一郎

目　　次

例文の頭についている記号について

　無印：　文法的に正しく，文としてまったく問題のないもの

　＊：　　文法的に正しくなく，文としては認められないもの

　？：　　文法的にちょっと変であるもの

発音記号一覧表

子音（Consonants）　　母音（Vowels）

子音			母音			
[p]	pit	[pít]	[i:]	beat	[bí:t]	単母音
[b]	bee	[bí:]	[ɪ]	bit	[bít]	
[t]	tooth	[tú:θ]	[ɛ]	bet	[bét]	
[d]	dish	[díʃ]	[æ]	bat	[bǽt]	
[k]	come	[kʌ́m]	[ɑ:]	calm	[kɑ́:m]	
[g]	go	[góu]	[ɑ]	bomb	[bɑ́m]	
[f]	full	[fúl]	[ɔ:]	law	[lɔ́:]	
[v]	visit	[vízɪt]	[u:]	pool	[pú:l]	
[θ]	thin	[θín]	[ʊ]	pull	[pʊ́l]	
[ð]	this	[ðís]	[ʌ]	cup	[kʌ́p]	
[s]	sand	[sǽnd]	[ɚ:]	bird	[bɚ́:d]	
[z]	zoo	[zú:]	[eɪ]	bake	[béɪk]	二重母音
[ʃ]	shoe	[ʃú:]	[aɪ]	time	[táɪm]	
[ʒ]	vision	[víʒən]	[ɔɪ]	boil	[bɔ́ɪl]	
[ʧ]	church	[ʧɚ́:ʧ]	[aʊ]	house	[háʊs]	
[ʤ]	jaw	[ʤɔ́:]	[oʊ]	low	[lóʊ]	
[h]	how	[háʊ]	[ɪɚ]	fear	[fíɚ]	
[m]	man	[mǽn]	[ɛɚ]	fare	[féɚ]	
[n]	note	[nóʊt]	[ɑɚ]	far	[fɑ́ɚ]	
[ŋ]	thing	[θíŋ]	[ɔɚ]	more	[mɔ́ɚ]	
[r]	right	[ráɪt]	[ʊɚ]	tour	[tʊ́ɚ]	
[l]	late	[léɪt]	[ə]	welcome	[wélkəm]	弱母音
[j]	yet	[jét]	[ɚ]	sugar	[ʃʊ́gɚ]	
[w]	watch	[wáʧ]	[i]	study	[stʌ́di]	
([ʔ]	一部の方言で		[ɪ]*	pocket	[pákɪt]	
	butter	[bʌ́ʔə])	[ʊ]*	fortune	[fɔ́ɚʧʊn]	

アクセント記号

[´] 第1アクセント，[ˋ] 第2アクセント　例：educate [édʒʊkèɪt]

*単母音 [ɪ]，[ʊ] と同じ記号を用いるが，アクセントを受けない音節に
　現れることから，実際の発音はより弱く，あいまいな響きをもつ.

（『アメリカ英語の発音教材』を一部改変）

1

形態と音の接点
形態の世界を中心として

　本書では英語圏で出版されている英文法書の中で，とくに音と形態に関係している内容の中から日本人にとって興味を惹きそうな，そして役に立ちそうな内容を選んで紹介し，ネイティブの視点を取り入れながら説明する。第 1 章から第 10章までの構成で，前後する奇数章と偶数章がペアになって 1 つの話題を取り上げる。奇数章が形態に関することがらで，偶数章が音に関することがらになる。第 1 章と第 2 章は「形態と音の接点」という話題で，それぞれ英語の形態と音に関する概略を，時には両者の関係に配慮しながら紹介する。

　本論に入る前に，形態と音という区分について簡単に考えておく。ことばはさまざまな単位に分けて理解することができる。大きな単位からみていこう。たとえば誰かと 10 分間話をしたとしたら，それは 1 つの会話として理解することができる。また本には章や節があって，1 つのまとまりをなす。会話や章，そして節をさらに細かくしていくと独立して成立する最小限の単位として 1 文が現れる。日本人向けに書かれた日本の英文法書では，主に文単位の英語の規則が書かれていることが多いが，文は節や句，そしてさらに小さな単位として単語でできている。単語というのは，辞書に載っていて，英語の書きことばでは，前後をスペースで区切る単位である。単語こそがもっとも小さい単位であるように思えてしまうのだが，実は，単語の中にさらに小さな単位を認めることができる場合がある。英語に限らずどんな言語でも，単語よりも下に小さな独自の世界があって，その中にも一定のパターンが存在する。

　play という単語で考えてみよう。play は，それ自体で単独の形で用いられる場合のほかに，played, plays, playable, replay, playboy のように，より小さな単位を単語の内部にみつけることができる。このように単語や単語の一部のことを「形態（morph）」とよぶ。play-ed のように単語と単語よりも小さい単位の組み合わせも 2 形態，playboy のように 2 つの単語を組み合わせたものも 2 形態とみなすこと

ができる。本書では，このような形態という言語単位に焦点を当ててそのパターンを考えていく。

　また，play-ed の過去や過去分詞を表す形態 -ed は [d] と発音する。しかし，look-ed の場合，同じ -ed でも発音は [d] ではなく，[t] である。文法的にはどちらの場合も過去形と過去分詞をつくる -ed なので，本来であれば同じように発音されて当然のはずが，何らかの音に関するパターンがあって，違いを生み出している。この音に関するパターンもまた単語よりも小さな単位でみられるパターンであり，形態とともに本書で取り上げていくトピックである。

　単語を司る形態や音にはどのような規則やパターンがみられるのだろうか。小さな単位でのネイティブの感覚を理解することで，大きな単位でのネイティブの感覚の深い理解につなげるのが本書のねらいである。

1.1　派生形態素と屈折形態素

　日本語で出版されている日本人向けの英文法の参考書で，形態の領域を扱うことはほとんどない。そこでこの節では，この先の説明の理解の助けとなるように，形態の分野で使われる用語の解説を可能な限り詳しくみていく。

　上でみたように，1 つの単語もしくは単語内の小さい単位をひっくるめて一般的に「形態」という。これとよく似た専門用語に「形態素（morpheme）」というものがある。形態素は形態同様，単語もしくは単語内の小さい単位のことをいうが，「意味をもつ最小の言語単位」を指す点においては，形態に比べ，指し示す対象がより限定的といえる。形態素はさまざまな種類に分けることができる。これを depolarization（脱分極化）という単語で考えてみよう。depolarization は，(1) のような内部構造へと分解される。

　(1)　de + pol(e) + ar + iz(e) + ation　　　　　　　　　(Quirk et al. (1985: 1518))

単語の内部がこのように 2 つ以上の要素でできている単語を，単純な形の単語と区別するために「派生語（derivative）」とよぶ。派生語があると，普通その単語の中心となるようなもとの単語が存在し，これを語幹（stem）[1] とよぶ。depolarization の場合，語幹は pol(e) ということになる。そしてそのほかの語幹に付随する要素

（この例では，de, ar, iz(e), ation）を接辞（affix）とよぶ。

(2) de pol(e) ar iz(e) ation
  接辞 語幹 接辞 接辞 接辞

　さらに詳しくみていこう。まず，語頭の de- と他の要素の接続のことだけを考えよう。de- は後続する語幹やほかの接辞をともなった語幹に自由に接辞するわけではない。たとえば，*[2]depole とか*depolar のような単語は存在しない。de- は，pole や polar につくことはできないのである。de- が接辞できるのは語幹と 2 つの接辞からなる polarize という形だけである。このことを説明するとき，「de- は polarize という語幹に接辞する」という説明は厳密さに欠けてしまう。なぜならば，polarize 自体すでに語幹と 2 つの形態から構成されているからだ。そこで，接辞が付加する（接辞でも語幹でもない）要素を指し示すことばが必要で，これを基体（base）とよぶ。depolarization の場合は，語幹は pol(e) であるが，接辞 de- に対する基体は polarize である。もちろんものによっては基体＝語幹になることもある。単純な例をあげれば，lovely では，-ly に対して love が基体ということになる。この場合 love は語幹でもある。

　接辞には de- のように基体に対して前から接続するものと，-ar, -iz(e), -ation のように後ろから接続するものとがあり，それぞれ接頭辞（prefix），接尾辞（suffix）とよばれる。接尾辞の多くは，基体の品詞を変える役割をはたす。たとえば上でみた pol(e) は「極」という意味の名詞であるが，接尾辞 -ize はこの基体を動詞化するはたらきをもつ。またそれに続く -ation は動詞化された基体をさらに名詞化するはたらきをもつ。しかし単語の中には，こうした接辞の過程を踏まずに，基体がまったく接辞を受けないまま品詞だけが変わる単語がある。この過程を品詞の転換（conversion）とよぶ。

---

1)　単語を構成する要素に関する用語については，必ずしも統一的な見解があるわけではない。研究者間でも構成要素として認めるものと認めないものとには違いがある。たとえば，単語の中心的意味内容を担う要素に屈折形態素が付加されたものを「語幹（stem）」とし，単語の中心的意味内容を担う要素に派生形態素が付加されたものを「語根（root）」と分けて考える場合もある（屈折形態素についての詳細は第 3 章，第 4 章，派生形態素についての詳細は第 5 章，第 6 章を参照のこと）。本書では Quirk et al. (1985: 1518) に従って，両者を区別せず，「語幹（stem）」とする。
2)　「＊」はアスタリスクという。アスタリスクがつくと，その例は「文法的ではないが説明のためにあげている例」になる。「目次」下の凡例を参照のこと。

（3）a. Sally will clean the room with a <u>mop</u>. （サリーは部屋をモップで掃除するだろう。）
　　　b. Sally will <u>mop</u> the floor. （サリーは床にモップがけをするだろう。）

（3a）のように通常 mop は名詞として用いられるが，これを（3b）のように助動詞と名詞の間に置くと，形を変えることなく他動詞として用いることができる。後でみるように，品詞の転換が起こる場合にも，その他の語形成と似た性質を示すことがあって，品詞の転換も一種の語形成と考えられる。日本語でも似たような品詞の転換が起こる。しかし日本語の場合，完全に同じ単語が別の品詞で用いられることはない。たとえば，形容詞「明るい」に対応する名詞は「明るさ」であるが，2つの単語の間には「い」から「さ」への形態的変化が（わずかながら）起こる。先の英語の mop のように，まったく同じ単語が別の品詞として用いられる場合，日本語のように実際に観察できるような具体的な形態変化は認められないものの，抽象的なレベルで変化が起こっていると考えてもよいだろう。日本語の品詞転換では形態変化が起こっているから，英語でも起こっていると考えるわけである。

　多くの派生語は，基体と接頭辞あるいは接尾辞の組み合わせでできている。上でみた polarize にしろ，love にしろ，語幹や基体は普通接辞がまったくなくても（4）のように単独の単語として用いることができる。

（4）a. That substance is known to <u>depolarize</u> sensory neurons.
　　　　（あの物質は知覚ニューロンを脱分極化することが知られている。）
　　　b. You will absolutely <u>love</u> it. （あなたは必ずやそれが気に入るだろう。）

しかし，派生語の中には，基体と接辞の組み合わせではなく，語幹同士を組み合わせて1語とするような例も存在する。このような場合，一方が基体で他方が接辞とはいえない。これは複合語（compound）とよばれる。blackbird（クロウタドリ）や armchair（肘掛け椅子）などが複合語であるが，それぞれの単語の構成要素である black, bird, arm, chair は単独の単語としても用いることができる。複合語については第7章，第8章で詳しく解説する。

　これまでみてきた接辞，とりわけ多くの接尾辞は，基体の品詞を変えるはたらきがあるので派生形態素（derivational morpheme）とよばれる。このほか，接尾辞と同じように基体あるいは語幹の後ろにつく形態素として屈折形態素（inflectional morpheme）がある。屈折形態素には，名詞の複数形の -s（cf(5b)）や，動詞の三人称単数の -s（cf(6a)），過去形や過去分詞形の -ed（cf(6b)），また形容詞の比較級をつくる -er などが属する（cf(7b)）。これら屈折形態素は基体の品詞を変えることがない。

(5) a. Clair ate a chocolate <u>cake</u>.　（クレアはチョコレートケーキを1つ食べた。）
 b. Clair ate chocolate <u>cakes</u>.　（クレアはチョコレートケーキをいくつか食べた。）
(6) a. Clair <u>laughs</u> a lot.　（クレアはよく笑う。）
 b. Clair <u>laughed</u> a lot.　（クレアはよく笑った。）
(7) a. Clair is <u>smart</u>.　（クレアは賢い。）
 b. Clair is <u>smarter</u> than her little sister.　（クレアは妹より賢い。）

この点で，屈折形態素は接尾辞とは性質が異なることがわかる。加えて，屈折形態素の場合には，もとの言語要素の意味に大きな変更を加えずに，単語の形だけを変化させている。

　(5)〜(7)の例では，もとの言語要素にただ屈折形態素が付加されているようにみえる。しかし，屈折（inflection）とは，接辞のように新たな言語要素が基体に付加されるというよりも，もとの言語要素の形態の一部が変化するという意味である。たとえば，名詞の複数形の中には，man-men, phenomenon-phenomena のように，付加ではなく変化をともなうものがある。また動詞の変化も，take-took-taken, see-saw-seen のように完全な変化をともなうものがある。さらに，fish-fish（単複同形）や hit-hit-hit（過去形や過去分詞形が原形と同じ）のようにまったく形を変えないものもある。これらの例からもわかるように，屈折形態素と派生形態素は「形態素」であるという共通点があるものの，性質の異なる「別物」と考えられている。本章の残りの節では，主に派生形態素について議論し，最後の節で再び屈折形態素の話をする。また以降の章でも必要に応じて両者を分けて考える。

1.2 語形成の概観

　上でみたように，単語は複数の形態素をつなげることで長くなり，複雑な意味を表すことができるようになる。とりわけ派生形態素によってより長く複雑な単語をつくっていく過程を語形成（word-formation）という。

　この意味で語形成の規則は，文法の規則と似ている。文法規則の場合は，単語が句をつくり，句が文となってさらに大きな，そして複雑な言語要素になっていく。文法規則によって，個々の単語の内容に関係なく，一定の規則に従ってより大きな言語単位をつくっていくことができる。たとえば，John is smart. という文では，名詞＋be 動詞＋形容詞という単語の連続から文ができている。同じ形を使って，The hotel was nice. というまったく別の文をつくることができる。これら2つの文には，文をつくるパターン以外に共通点がない。主語＋動詞＋補語(SVC)という構文が，個々の文で使われている単語の違いを考慮することなく抽象的なルールとして設定できるので，これは文法的な規則である。

　これに対し，文法的な規則では捉えられない単語の意味が集められている「辞書」のようなものも必要となる。犬は dog で，猫は cat である。これらはどちらもこれ以上には分解できないし，先の文の例とは違い，内部構造に共通点もない（というより内部構造がそもそもない）。言い換えれば，文法は規則を扱うのに対し，辞書は規則では捉えられない単語の意味を記録しているようなものだ。そしてこの文法と辞書の中間に位置するのが語形成である。語形成には，文法と同じようなレベルでの一般性はない。しかしそれでも部分的な規則が存在し，ネイティブはこれを利用して語形成を行っているといえる。Quirk et al. (1985: 1517) に従って具体例でこのことをみてみよう。

(8) a. She delegated the work speedily.　（彼女はすぐにその仕事を委託した。）
　　 b. Her delegation of the work was speedy.　（彼女の仕事委託は迅速だった。）
(9) a. He communicated the message efficiently.　（彼はその伝言を効率よく伝えた。）
　　 b. His communication of the message was efficient.　（彼の伝言の伝達は効率的だった。）

(Quirk et al. (1985: 1517))

(8)と(9)では，それぞれほぼ同じ内容の文が別々の構文によって表現されている。(8a)と(9a)は，主語＋動詞＋目的語(SVO)とそれに続く副詞句の形で，(8b)と(9b)では SVC の構文が用いられている。(8a)と(9a)では動詞の目的語であった the work と the message が，(8b)と(9b)ではどちらも名詞に後続する「of 名詞句」として実現されている。これは，文法的な規則性であるといえる。

　これに加えて(8)と(9)の対応関係を比較してみると，語形成に関しても規則性があることに気がつく。(8)では動詞 delegate に名詞 delegation が対応し，(9)では

communicate に communication が対応している。どちらも，もととなる動詞に -tion が付属する形で名詞がつくられている。またそれぞれの例で，speedily-speedy と efficiently-efficient との関係は，どちらも副詞が，そのもとになる形容詞に -ly が付属する形となっている。この対応関係は単語の内部構成に関する規則性で，語形成にも確かに（句や文の）文法に似た規則性がはたらいていることがわかる。

　その一方で語形成の規則は，文法の規則ほどの一般性がない。

(10) a. She <u>used</u> the money <u>well</u>. （彼女はお金を上手に使った。）

　　　b. Her <u>use</u> of money was <u>good</u>. （彼女のお金の使い方は上手だった。）

(10) も (8) や (9) と同じ構文同士の対応である。しかし動詞 used に対しては use-tion ではなく，use が名詞として対応し，形容詞 good に対しては good-ly ではなく well が副詞として対応している。したがって，動詞＋tion で名詞をつくる，あるいは形容詞＋ly で副詞をつくる規則は，個々の単語の独自性（idiosyncrasy）も関与しているといえることから，完全に抽象的で規則的なルールとはいえない。

　形態的に無関係な単語同士の場合，語形成にみられるような「部分的な対応関係」もみられない。(11) は，能動文とこれに対応する受動文のペアである。

(11) a. John gave the money to Peter.

　　　（ジョンはピーターにそのお金をあげた。）

　　　b. The money was given to Peter by John.

　　　（そのお金はジョンからピーターに与えられた。）

(11a) と (11b) のような文のペアは，英語において一般的によくみられる規則的な対応で，この 2 つの文は通常，文法の規則として関係づけられる。文の具体的内容を考えなくてもこれらが同じ意味をもつペアであることは，文法の知識から引き出される。これに対し，(12) のペアの対応を考えてみよう。

(12) a. John donated the money to Peter.

　　　（ジョンはピーターにそのお金を寄付した。）

　　　b. Peter received the money from John.

　　　（ピーターはジョンからそのお金を受け取った。）

(12) のペアも (11) と同じく，ほぼ同じ意味である。John がお金を Peter に寄付し

たのであれば，Peter は John からお金を受け取ったことになるからである。しかし，そのことは donate と receive という具体的な単語の内容がわかってはじめて理解されることである。言い換えると，(12)のような意味の対応関係は文法からは導き出すことはできず，個々の単語の意味なくしては理解できない。このように文法と辞書の中間に位置する語形成への理解を深めるには，単語の内部構造の規則的な面（文法的）と，規則的ではない面（辞書的）の両方に対するネイティブの感覚を理解する必要がある。

1.3　派生語と複合語の内部構造

句や文のレベルでは，単語の集まりに内部構造があることがよく知られている。

(13) a. local cookery class
　　 b. a [[local cookery] class]　（地元に特有の料理を教える教室）
　　 c. a [local] cookery class]　（その地域にある料理教室）　（Quirk et al. (1985: 1621)）

(13a)の local cookery class は，2 つの解釈が可能である。1 つは「地元に特有の料理」を教えるクラスという解釈で，もう 1 つは，「その地域にある」料理教室という解釈である。この 2 つの解釈は，この名詞句が(13b)と(13c)の 2 つの内部構造をもちうるからであると説明することができる。(13b)では，はじめに local と cookery がひとまとまりになって「地元に特有の料理」という意味ができる。そしてそれ全体が形容詞となって，後続する class を修飾するという解釈になる。これに対し(13c)では，cookery class がひとまとまりになって「料理教室」という意味になり，これを local が「その地域にある」という形容詞として修飾する形になっている。

　同じことが派生語と複合語でも起きることから，この点に関していえば派生語や複合語も文法的に捉えることが可能といえよう。

(14) a. ex-film star　（かつて人気者だった映画スター）
　　 b. [ex-[film star]]
(15) a. silent-film star　（無声映画のスター）
　　 b. [[silent-film] star]　　　　　　　　　　　　（Quirk et al. (1985: 1621)）

(14a)の ex-film star と(15a)の silent-film star は，ともに「接頭辞または形容詞–名詞＋名詞」という共通の形をもった派生語ないし複合語である。そのうえ，後半の -film star という部分は(14a)と(15a)で一致している。表面上の形式は一致しているにもかかわらず，(14a)は，「かつて人気者だった映画スター」という意味で，(15a)は，「無声映画のスター」という意味である。なぜこのような意味上の違いが生じるかというと，2つの表現は表面上の形式が一致してはいるものの，接頭辞 ex- と形容詞 silent- が形容する要素の大きさに違いがあるからだ。(14a)の場合，(14b)のように ex- を除いた残りの film star がひとまとまりをなし，「映画スター」という意味をつくり，それ全体を ex- が形容する形となる。これに対して(15a)の silent- は，film star ではなく，film だけを形容し，「無声映画」という意味ができあがる。つまり，silent-film が star を形容して全体としては「無声映画のスター」という意味になっていると分析できる。句の内部でみられる構造の曖昧性が語形成の中でもみられるのである。

　句同様，派生語や複合語においても，単語の組み合わせや状況に応じてまったく同じ1つの表現が構造上（そして意味上も）曖昧になる。

(16) a. The robber was unmasked.（The robber was not wearing a mask.）
  （強盗は覆面をしていなかった。）
   b. ［un［masked］］
(17) a. The robber unmasked.（The robber removed his mask.）
  （強盗は覆面を外した。）
   b. ［［unmask］ed］　　　　　　　　　　　　　（Quirk et al.（1985: 1621））

(16a)と(17a)では，同じ unmasked という単語が用いられているが，その意味が異なる。(16a)は「強盗はマスクをしていなかった」という意味であるのに対し，(17a)は，「強盗はマスクを外した」という意味になるのはなぜだろうか。これを理解するためにはまず，un- という接頭辞が形容詞を基体としてとることもあれば，動詞を基体としてとることもあることを理解しておく必要がある。

(18) a. un＋形容詞（〜ではない）：unclear（不明瞭な），unnecessary（不必要な），
  unimportant（重要ではない）
   b. un＋動詞（もとに戻す）：untie（ほどく），undo（もとに戻す），
  unpack（荷をほどく）

un＋形容詞の場合，基体の形容詞の意味が単純に否定され「〜ではない」という意味になる。たとえば，clear は「澄んだ，透明な」という意味の形容詞なので unclear は clear ではない，つまり「澄んでいない」という意味となる。これに対し，un＋動詞の場合，un- はもとの動詞が表す動作の逆を行うことを表す。tie は「結ぶ」という意味の動詞なので，untie は「（結んだひもを）ほどく」という意味になる。

（16）〜（17）の例に戻ると，（16a）では過去分詞の masked が形容詞化され，これに un- がついたと考えられる。その内部構造は（16b）のように，はじめに動詞 mask に屈折形態素の -ed がついて過去分詞へと変化して形容詞化し，これに un- がつく形となる。形容詞 masked（マスクをしている）に un- がつくので，全体の意味は「マスクをしていない」となる。これに対し（17a）の un- は，動詞 mask にはじめにつく。動詞につく un- は「〜の逆をする」という意味なので，unmask で「マスクを外す」という意味になる。そしてこの動詞全体に過去形の屈折形態素 -ed がついて「マスクを外した」という意味になる。

単語の内部にも，句や節と同じ規則性がみられることは，単語の内部構造も一部普通の文法と同じようにパターン化が可能であることを示している。ネイティブはこのパターンを利用して語形成を行っているのである。

1.4　派生語と複合語の意味の予測可能性

語形成は，規則的に捉えることが可能な側面と，規則的な扱いが難しい側面がある。前の節では，規則的に扱える側面をみた。この節では，規則的に扱えない部分についてみていく。

派生語と複合語の意味はどの程度まで構成要素の意味から予測が可能であろうか。意味の予測可能性にはいろいろなレベルがあることがわかる。

（19）a. bed-room　un-kind　　soft-ness　：予測可能
　　　　 （寝室）　 （不親切な）（柔らかさ）

　　　 b. straw-berry　drawing-room　：末尾の単語から大体の意味がわかる
　　　　 （イチゴ）　　（応接室）

　　　 c. black-mail　　　　　　　：複合語の意味が構成要素から予測不可能
　　　　 （ゆする）　　　　　　　　　　　（Huddleston and Pullum（2002: 627））

一番予測がしやすいのが(19a)のような例で，派生語全体の意味が構成要素からほぼ完全に予測が可能である。bed-room であれば，それはベッドが置いてある部屋のことで，すなわちそれは寝室ということになる。また un-kind は上でみたように，un＋形容詞で「〜ではない」という意味になるので，「親切ではない」という意味になると見当がつく。

これよりも予測がつきにくいのが(19b)の straw-berry や drawing-room（応接室）である。イチゴは berry であるが，straw-berry の中で straw（わら）がどのような意味的貢献をしているのか定かではない。同様に，drawing-room で，room の意味的貢献は明らかであるが，drawing（引っ張る）の文字通りの意味と応接室とは直接の意味的つながりがないようにみえる。

さらに(19c)の black-mail（ゆする）では，black も mail も文字通りの意味では複合語全体の意味に貢献をしていない。これは black と mail のかつての意味が現在では失われているからである（black はかつて「非合法な」という意味があり，mail には coin / money のような意味があった）。このような例では，black と mail は形態的に複合語であるというだけで，実質的には複合語としては機能していないも同然である。

これよりもさらに複合語の 1 語化が進むと，もはや複合語として理解することができず，ただの 1 単語とみなされる。

(20) blackguard /blǽgɑːd/（ならず者），breakfast /brékfəst/（朝食），
　　　husband /hʌ́zbənd/（夫）　　　　　　　　　（Huddleston and Pullum（2002: 627））

これらの例では，blackguard の black の /k/ の音が落ちたり，breakfast の break の部分の発音がもとの /breik/ から /brék/ に変化している。さらに husband では，音の変化が綴りにまで現れている（もとは hus- ではなく house-）。このような例の場合，もはやそれぞれは複合語ではなく単体の語幹（1 つの形態素からなる 1 語）という扱いになる。

このような音の変化までともなった「みせかけの」複合語の多くの場合，その個々の構成要素のもともとの意味をあわせて全体の意味を予測することができない。このような単語の意味は語形成の領域ではなく，語源学（etymology）の研究領域になる。たとえば husband であれば，もともと house-bōnda（householder）という複合語であった。ここから音が変化し意味が現在の「夫」の意味へと定着し

ていくことになる。このような単語の歴史はそれ自身がもちろん重要ではあるが，語形成の分野には属さない。あくまでも語形成が扱うのは，現在の英語のネイティブの直感だからである。この英語のネイティブの「直感」はわかりにくい概念かもしれないので，karate を例にあげて解説しておこう。英語では karate（空手）という単語が一般的に使われる。これはもちろん日本語から取り入れられたことばである。日本語でこの単語は kara（空）と te（手）からなる複合語として分析できるが，英語話者にそのような直感ははたらかない。したがって，英語の karate も 1 つの単語であって複合語としては扱わない（Quirk et al.（1985: 1531））。

　(19a)の例 bed-room, un-kind, soft-ness は，派生語や複合語の意味が構成要素から予測しやすい例としてあげた。しかしこの中でも複合語の例である bed-room は，bed と room から，複合語の意味が完全に予測できるわけではない（bed-room は寝るための部屋であって，ベッドをしまっておく部屋という意味にはならない）。派生語や複合語は構成要素の意味を超えた独自の意味を獲得し，新たな独立語としての意味をもつようになる。このように，派生語や複合語が構成要素から予測可能な範囲を超えた意味をもつようになる過程を語彙化（lexicalization）という。

　語形成に語彙化が深く関与していることを Quirk et al.（1985: 1525-1529）で指摘されている例でもう少しみてみよう。（単語ではなく）文は，これまで表現したことのない新しい物事，行為，状態を表現することができる。(21)を例として考えてみよう。

(21) Let us convert our railways from having steam-engines to using engines powered

by $\left\{\begin{array}{l} \text{diesel oil.} \\ \text{electricity} \end{array}\right\}$

　　（鉄道を蒸気エンジンから，$\left\{\begin{array}{l} \text{ディーゼルの} \\ \text{電気の} \end{array}\right\}$エンジンに替えようではないか。）

(Quirk et al.（1985: 1525））

(21)では，蒸気機関車からディーゼル機関車，あるいは電気機関車へと車両を変更することが提案されている。この文が言い表していることはかなり複雑で，また聞き手ははじめてみる文であろうが，それでも話者の言いたいことは明瞭に言語として表現されている。同じ趣旨の提案を複合語によってより簡潔に表現することもできる。

(22)　The use of $\left\{\begin{array}{l}\text{diesel-powered}\\ \text{electrically-powered}\end{array}\right\}$ engines is being investigated.

(Quirk et al.（1985: 1525））

(22)のように(21)の提案を表現すると，すでにいくらかの情報が失われる。たとえば，現状で鉄道会社は蒸気機関をエンジンとして用いていることなどである。

　しかし(22)を用いるような場面では，普通そのような背景の知識が前提とされている。すると(22)の言い回しですらぎこちなく，よそよそしい印象を与える（too clumsy on the one hand and too under-committed on the other）。そのように情報の送り手と受け手で背景の知識を共有している場合，(23)のような表現が使われる可能性がより高くなる。

(23)　$\left\{\begin{array}{l}\text{Dieselization}\\ \text{Electrification}\end{array}\right\}$ (is feasible).　　　　　　(Quirk et al.（1985: 1526））

(23)では派生語である Dieselization と Electrification が用いられている。適切な背景知識が共有されている場合，「鉄道のエンジンを蒸気からディーゼルや電気に切り替えよう」という意味がこれらの表現からたやすく理解される。(21)と比較してみると派生語を使った(23)ははるかに短く，背景の知識が共有されている限りにおいて効率的に情報を伝えることができる。また，これらの単語が表現するものの見方が固定化ならびに語彙化して，自由に dieselize（ディーゼル化する），electrify（電気化する），undieselized（ディーゼル化されていない），unelectrified（電気化されていない），のような派生語をつくって用いることができる。その反面，背景の情報がない場合，派生語を使った表現の意味がわからなくなってしまう。まったく背景の情報がない場面で(23)を使うと，ディーゼルや電気化に関することを伝えようとしていることはわかるが，何をディーゼル化あるいは電気化するのか，鉄道なのか，それ以外のものなのか，といった多くの情報が失われることになる。派生語を用いることで語彙化が進み，情報のパッケージ化が可能であるが，その反面，背景の情報の共有がないと意味の予測が難しくなる。

　語彙化がどのような過程で進んでいくか別の例で確認してみよう。

(24) a. This oil is from a vegetable source.

　　　b. Vegetable oil...　　　　　　　　　　　　　　　　(Quirk et al.（1985: 1527））

(24)は，vegetable oil（サラダ油）という複合語ができるまでの過程を短く表現している。(24a)からは，vegetable oil が，vegetable を原料としている oil であることがわかる。(24b)にある複合語 vegetable oil からはこのような意味が容易に読み取れるであろう。

　次に engine oil の例を考えてみよう。

(25) a. This oil is for engines.

　　　b. Engine oil...　　　　　　　　　　　　　　　　　(Quirk et al.（1985: 1527））

oil にはさまざまな用途のものがあるが，「この oil はエンジンに用いる oil である」という叙述が(25a)である。(25b)の engine oil という複合語の意味は，「エンジンを動かすために使われる oil」ということになるであろう。

　ここで，vegetable oil と engine oil を比較してみると，今みたような複合語の語彙化の過程を知らなければ，これらの複合語の意味を正確に知ることはできないことがわかる。vegetable oil が，野菜を育てるために使われる（たとえば温室を暖めるために使う）高価な oil という意味であったとしても不思議ではない。engine oil がエンジンを使って精製した oil という意味であってもおかしくない。しかし，通常 vegetable oil や engine oil は(24)〜(25)の語彙化の過程が想起され，ネイティブはそのような意味には理解しない。

　語彙化は，接辞をまったくともなわずに品詞が変わる品詞転換の例でも観察される。たとえば，paper は，普通名詞として使われ，(26)に示したようにいろいろな意味をもつ。品詞転換が起こると，(27)の例にあるような他動詞として使うこともできる。

(26) a. material in thin sheets that is made from wood or cloth
　　　　（木や布でできた薄いシート状の物質）

　　　b. a newspaper　（新聞）

　　　c. a piece of writing for specialists　（専門家に向けて書かれた文書）

　　　d. wallpaper　（壁紙）

(27) John has papered the bedroom. 　（ジョンは寝室に壁紙を貼った。）

（Quirk et al.（1985: 1528））

(27)は(26d)の「壁紙」という意味での paper の動詞化である。(26d)以外の意味を有していることから，たとえば(26b)や(26c)の意味で paper を他動詞化して(28)のように使ってもよさそうなのだが，それはできない。

(28) a. *The Hearst organization has papered most of the mid-West.
　　　 ['has supplied most of the mid-West with its papers']
　　　 （Hearst（新聞社の名称）が中西部の大部分の地域で新聞を発行している。）
　　b. *I'm papering part of my research in a specialist journal.
　　　 ['publishing a paper on part of my research']
　　　 （私は，研究の一部を論文化して専門雑誌で発表しようとしている。）

（Quirk et al.（1985: 1528））

(28a)は「Hearst（新聞社の名称）が中西部の大部分の地域で新聞を発行している」という具合に，(26b)の paper（新聞）の意味を，動詞に品詞転換して用いようと意図されているが，これはできない。(28b)では，(26c)の paper（論文）を動詞化して「研究の一部を論文化して発表する」という意味で用いようとしているが，これも認められない。なぜならば，paper という名詞が動詞に品詞転換される際に語彙化が進み，特定の意味のみもつようになったからだ。つまり，語彙化の結果，動詞としての paper がネイティブの感覚として「壁紙を貼る」という意味だけに特化され，これ以外の意味で用いることができないのである。このような語彙化の過程は上でみた派生語や複合語の語彙化の過程と似ていることがわかる。

1.5　派生語と複合語における定着語と潜在語

　派生語と複合語の多くは辞書に記載されている（例：un-easy, ex-president, stupid-ness, bash-full, ash-tray, side-walk など）。辞書に記載されているこのような派生語と複合語は定着語（established word）とよばれる（Huddleston and Pullum（2002: 1623））。しかし，派生語や複合語の中には，辞書に記載されていなくても使用可能なものがたくさんある。

（29）a. police　（法に従わせる）

　　　b. police-abili-ty　（法に従わせることができること）

　　　c. The Commissioner questioned the policeability of the new regulations.
　　　　（理事会は新しい規則を守らせることができるのか問題にした）

（Huddleston and Pullum（2005: 1623））

police は動詞として「法に従わせる」という意味をもつ。ここから -able や -ty という接尾辞を使って policeablity という派生語をつくることができる。この単語は (29c) のように「理事会は新しい規則を守らせることができるのか問題にした」のような文中で用いることができる。policeability という単語は辞書に載っていないし耳慣れない単語でもある。それにもかかわらず使うことができるのは、この単語が語形成の規則に則ってつくられているからである。このように辞書には載っていなくても（つまり定着語でなくても）、語形成の規則からつくり出すことができる派生語や複合語を潜在語（potential word）とよぶ。

　これと比較対照するために、(30) と (31) の例を考えてみよう。

（30）a. bishop（主教）　bishop-ric（主教の管轄区）

　　　b. priest（司教）　*priest-ric（司教の管轄区）

（31）a. pick-pocket　（スリ：ポケットからものを盗む人）

　　　b. *pick-basket　（バスケットからものを盗む人）

（Huddleston and Pullum（2005: 1623））

(30a) の bishop-ric は、一見 bishop（主教）に接尾辞 -ric がついて、全体で「主教の管轄区」という意味になっているようにみえる。しかし、これになぞらえて、(30b) のように、priest から priest-ric をつくることはできない。また、pick-pocket（スリ）は、pocket から pick するという語源からスリを意味することは明らかである。それでも basket からものを盗む人がいるからといって、その人を (31b) のように pick-basket とよぶことはできない。これは、接尾辞として -ric を使った語形成や「動詞の原形＋目的語名詞」の形の語形成が、もはや現代英語の規則で利用不可能だからである。言い換えれば、priestric や pick-basket は英語の潜在語ではない。どのように言語要素を組み合わせると潜在語ができるのか、またどのような組み合わせだと潜在語にはならないのかをネイティブの感覚として区別するのが、語形成を研究する際の大切な目標の 1 つである。

1.6 派生語と複合語とハイフン

　この節では，派生語や複合語とハイフンについて説明する。接辞と基体との間は一般的にハイフンなどをつけずに 1 語として綴る。たとえば，establishment や unnatural，そして airplane のような具合である。しかし，派生語や複合語がまだ定着語となっていないような場合や，接頭辞と基体で母音が連続してしまう場合などはハイフンを入れる。re-emphasize や co-edit，そして re-air などが後者の例である。

　複合語の場合，語彙化の進み具合に応じてハイフンが用いられたり用いられなかったりする。

(32) a.（He has some）writing paper.　（彼はメモ用紙をもっている。）
　　　b. tax-exemption　（免税）
　　　c. bloodtest　（血液検査）　　　　　　　　　　　　（Quirk et al.（1985: 1537））

writing paper（メモ用紙）のようにそれほど定着が進んでいない場合には，複合語はただ連続した複数の単語として表記される。語彙化が進むと tax-exemption（免税）のようにハイフンが用いられる。そして語彙化が進み，複合語として完全に定着すると bloodtest（血液検査）のように 1 語として表記されるようになる。

　またハイフンは，構造の曖昧さを避ける目的で用いられることもある。

(33) a. He is a foreign［stamp collector］.　（彼は外国人で，切手を集めている。）
　　　b. He is a［foreign-stamp］collector.　（彼は外国切手を集めている。）
　　　　　　　　　　　　　　　　　　　　　　　　　　　（Quirk et al.（1985: 1537））

普通 a foreign stamp collector といえば，切手を集めている外国人のことになる。これを［　］で示すと(33a)のようになる。(33a)では，一度 stamp collector がひとかたまりの名詞となり，これを foreign が修飾する形となっている。しかし，(33b)のように foreign と stamp の間にハイフンを入れて「外国切手」という複合語にすると，これ全体が collector を形容し「外国切手収集家」という，(33a)とは別の意味（と構造）を表すことができる。

　さらに複合語全体が基体として機能してこれにさらに形態素がつくような場

合，基体が複合語であることを示すためにハイフンでつなぐこともある。

(34) a. She has short sight. （彼女は近眼だ。）
 b. She is short-sighted. （彼女は近眼だ。）
(35) a. He is colour blind. （彼は色覚異常だ。）
 b. He is affected by colour-blindness. （彼は色覚異常だ。）

　　　　　　　　　　　　　　　　　　　　（Quirk et al.（1985: 1537））

(34a)の short sight は近眼という意味の複合語で，(35a)の colour blind は色覚異常という意味の複合語である。この場合，これらは単独の複合語として使われているので，とくに前後をハイフンでつなぐ必要がない。しかし(34b)のように，複合語 short sight 全体を動詞として使い，これをさらに -ed によって過去分詞化したい場合，short-sight のようにハイフンでつなぐ。これをしないと，short［sight-ed］のように，あたかも sight だけに -ed がついているようにみえてしまうからである。(35b)の colour-blindness も同じで，ハイフンがつかないと，colour［blind-ness］のように誤った読み方をしてしまう可能性がある。これを避けるために複合語の間にハイフンを入れるのである。

　上の(14)でみた ex-film star は，「かつて人気者だった映画スター」という意味であった。この場合，意味的にはまず film と star が結びついて「映画スター」という複合語ができあがり，これに ex- という接頭辞がつくことになる。本来ならば，ex film-star と表記したいところだが，接頭辞 ex- は単独で用いることはできないため ex-film とするか，exfilm と表記するしかない。しかし，exfilm star では明らかに「かつての映画に出ていたスター」という誤った意味を連想させてしまうため，2つのハイフンを入れて ex-film-star とするか，ハイフン1つの ex-film star にするしかない。どちらも本来意図されている意味を表すには構造上やや不適な表現といわざるをえないが，現在のところ通常はハイフン1つの ex-film star が好まれる傾向にあるようだ。

1.7　屈折形態素と規則性

　ここまでは主に派生形態素による語形成の特徴やネイティブのもつ感覚を概観してきた。派生形態素による語形成は，句や文レベルの文法と同じように一定の

規則によって，より大きくて複雑な単語をつくっていく。その一方で，文レベルの文法と比べると，派生形態素による語形成には，規則だけでは予測できない，単語ごとの固有の決まりごとが存在する（語彙化）。

これに対して屈折形態素は，規則的にもとの単語について変化形をつくる。

(36) | | 屈折形態素 | 意味 | 例 |
|---|---|---|---|
| 動詞 | -ed | 過去 | walked, talked, buzzed, wanted |
| | -s | 三人称単数現在 | walks, talks, buzzes, wants |
| | -ing | 進行相 | walking, talking, buzzing |
| | -ed/-en | 完了相・受動 | walked, talked, buzzed, wanted, seen, broken, fallen |
| 名詞 | -s | 複数 | boys, girls, matches, cups |
| 形容詞 | -er | 比較 | taller, shorter, wider, longer |
| | -est | 最上 | tallest, shortest, widest, longest |

(36)は英語の屈折形態素の一覧である。たとえば動詞であれば，すべての動詞が過去形，三人称単数現在形，進行相，完了相・受動の形をもつ。多くの名詞には複数形があるし，形容詞には比較と最上の形がある。こうしたことから，屈折形態素による語形変化は，派生形態素による語形成よりも規則的で文レベルの文法に近いといえる。

派生形態素による語形変化は，多くの単語に一定の種類の変化形が存在する，という意味で確かに規則的であるが，その反面，実際に変化した語形に関しては多くの例外がある。こうした例外は，やはり規則で導き出すことができない語彙論の領域である。たとえば，動詞の変化でも eat-ate-eaten とか，hit-hit-hit などは(36)の規則からはつくり出せない。また，英語には information（情報），air（空気），money（お金），evidence（証拠）など多数の不可算名詞があって，これらはそもそも複数形にならない。したがって屈折形態素による語形変化は，派生形態素による語形成よりははるかに規則的であるものの，やはり個々の単語の独自性に制約を受けていると考えられる。屈折形態素については第3章，第4章でさらに詳しく取り上げる。

2

形態と音の接点
音の世界を中心として

第1章ではことばの形態にかかわる用語を中心に取り上げたが，第2章では，この先の理解の助けとなるように，音にかかわる用語の解説をさまざまな「音の単位」を中心に解説する。

本論に入る前に，まずは簡単に発音のしくみについて概観する。

2.1 発音のしくみ

音を発声する時，私たちはまず肺に空気（息）を吸い込み，その空気を吐き出しながら唇，歯，舌などさまざまな体の部位を駆使している。言語音をつくり出す際に使われる器官を発声器官（vocal organs）もしくは発音器官（speech organs）という。発声器官の全容は図 2.1 に示すとおりである。

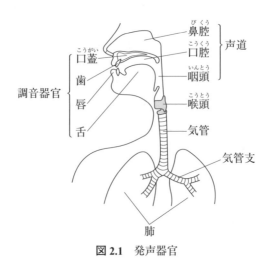

図 2.1 発声器官

　以下，発声器官がそれぞれどのようなはたらきをしているのかについてみていくことにしよう。

　発声器官は大きく分けると以下の3つの部分（1a～c）から成り立っている。

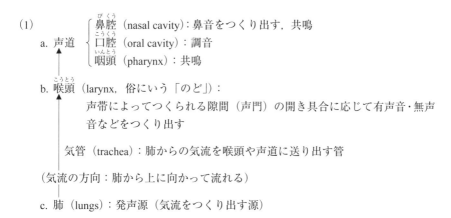

(1)
a. 声道 { 鼻腔（びくう）（nasal cavity）：鼻音をつくり出す，共鳴
口腔（こうくう）（oral cavity）：調音
咽頭（いんとう）（pharynx）：共鳴 }

b. 喉頭（こうとう）（larynx，俗にいう「のど」）：
声帯によってつくられる隙間（声門）の開き具合に応じて有声音・無声音などをつくり出す

気管（trachea）：肺からの気流を喉頭や声道に送り出す管

（気流の方向：肺から上に向かって流れる）

c. 肺（lungs）：発声源（気流をつくり出す源）

　発声器官はそれぞれ重要なはたらきをしており，肺は主に気流（空気の流れ）をつくり出し，気管とともにその気流を喉頭（こうとう）（のど）や声道へと送り出す機能をもつ(1c)。肺から送り出された空気が(1b)の喉頭，すなわち「のど」にいたると，筋肉状のひだである声帯（vocal folds もしくは vocal cords）の間にできる隙間を通る。この隙間のことを声門（glottis）といい，声門が開いていれば（つまり，左右のひだが開いた状態であれば），気流による声帯振動は起こらず，無声音がつくられる。逆に，左右のひだを軽く合わせ，気流で声帯を振動させると有声音がつくられる（無声音と有声音の詳細については 2.2 節参照）。このように声帯の振動は無声音と有声音をつくる際に重要な役目をはたしている。さらに，声帯の振動は声の高さ（ピッチ）にも関係しており，声帯を緊張させれば振動数が多くなり，高い声が出るし，逆に緩めれば振動数が少なくなり，低い声となる。

　喉頭を通過した空気は，無声と有声の区別があるだけで，まだそれぞれの言語音特有の音質はない。(1a)の声道を通過する段階で，調音器官（articulators）とよばれる唇や舌などが口腔（こうくう）内（口の中）の形を変化させることでさまざまな音質をもつ言語音の区別ができるようになる。気流が口腔内で，比較的阻害されずにそのまま産出される音群を母音（vowels）というのに対し，気流が口腔内で阻害されながら産出される音群を子音（consonants）という。次節では母音と子音について

もう少し詳しくみてみることにしよう。

2.2 母音と子音

　言語音は母音と子音に分けられる。母音とは，前述のとおり，声帯振動によって生成された有声の呼気（吐く息）が，比較的阻害されずにそのまま産出される音群のことで，/a/, /e/, /o/ などを含む。これに対し，子音とは，気流が主に口腔内において阻害されながら産出される音群のことで，/p/, /t/, /k/ などを含む。母音は一般的にすべて有声音であるが，子音は声帯振動をともなうものとともなわないもの，つまり無声と有声の両方がある。以上をまとめると(2)のようになる。

(2)

声帯振動 {
　ある → 有声音 {
　　気流が阻害されない → 母音
　　気流が阻害される　 → 有声子音
　}
　ない → 無声音—気流が阻害される　 → 無声子音
}

(中郷・中郷（2000）による)

　母音は，肺からの気流が阻害されずに発せられるため，その音質を変化させるには，顎の上下の動きや舌の高さ調整などによって口の中の形を変えることになる。口の中の形を決定するのは(3)にあげた 3 つの要因である。

(3) a. 調音の際に舌がもっとも高くなる位置がどのくらい高いか
　　　　　　（高舌(high)—中舌(mid)—低舌(low)）
　　 b. 調音の際に舌のどの部分が盛り上がるのか
　　　　　　（前舌(front)—中舌(central)—後舌(back)）
　　 c. 唇の形（円唇(rounded)—非円唇(unrounded)）

試しに /i/ と /a/ の音を交互に「イアイアイアイア」と発音してみよう。この時，/i/ を発音する際の口の構えと /a/ を発音する際の構えを注意深く観察してみると，/i/ の時は口の開きは小さく，唇を横に広げた形で発音されるのに対し，/a/ はそれよりも口を大きく広げ，下顎が下がった状態で発音される。つまり，/i/ の場合，舌の位置が口の天井（口蓋）に接近しているのに対し，/a/ では下顎が下がったぶん，舌は口蓋から離れた状態にある。口蓋に対して舌が接近している母音は「高舌（high）」母音と分類され，逆に離れている場合は「低舌（low）」母音と分類される。このことから，(3a)は口蓋に対する舌の高さに基づいた母音の分類基準である

ともいえる。

　次に，/i/ と /u/ の音を「イウイウイウ」と交互に発音してみよう。この時，/i/ は前述のとおり，唇を横に広げた状態で発音するが，/u/ は唇の丸みをともないながら発音する。先ほどの /i/ と /a/ の場合とは異なり，顎には顕著な動きはなく，両者の違いは主に唇の形にある。唇の丸みをともなって発音すれば /u/，唇を丸めずに発音すれば /i/ となる。唇の丸みをともなって発音する /u/ などの「円唇（rounded）」母音は，唇を丸める際，同時に舌の位置は口の後ろに引かれる状態となる。つまり，/u/ は円唇母音であると同時に「後舌（back）」母音でもあるということだ。他方，/i/ のような「非円唇（unrounded）」母音は口の前寄りの位置で舌と口蓋が一番接近していることから，「前舌（front）」母音でもある。ドイツ語などの一部の言語を除いて，多くの言語の前舌母音が非円唇，後舌母音が円唇であることの背景には，こうした調音器官（図 2.1 参照）の動きに関する制約（唇を丸めると連動して舌が後ろに引かれる）が関与している。つまり，舌の前後の位置関係を基準とする(3b)と，唇の丸みの有無に関する基準である(3c)は連動していることになる。

　図 2.2 は英語（アメリカ英語）と日本語の基本母音をまとめたものである。便宜的に日本語の 5 母音はカタカナで併記してある。

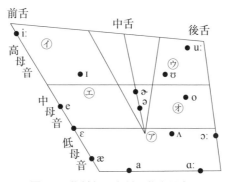

図 2.2　英語と日本語の基本母音図

　次に，子音に目を向けてみると，これまでみてきた母音とは異なり，子音は肺からの空気，すなわち気流が阻害されることによってつくり出される音であることから，以下の 3 つの基準に基づいて分類される。

(4) a. 調音位置（肺からの気流がどこで阻害されるか）
　　　　　唇，歯，歯茎，口蓋，声帯など
　　b. 調音方法（肺からの気流がどの程度阻害されるか）
　　　　　閉鎖，摩擦，接近など
　　c. 有声か無声か（声帯振動があるか，ないか）

　子音を分類する際にまず重要となるのが，肺からの気流が「どこで」阻害されるか，という情報だ。たとえば，/pa/, /ta/, /ka/ と発音してみてほしい。/pa/ の出だしの /p/ は両方の唇を閉じた後，離すことで生成される。ところが /ta/ の /t/ を発音する時は，/p/ とは異なり，唇は離れた状態にあり，閉じることはなく，肺からの気流は上の歯茎の位置で阻害される。/ka/ の /k/ の場合も /t/ 同様，唇は離れたままだが，舌先を歯茎に当てて気流を阻害する代わりに，舌の後ろ側の面をのどの奥（軟口蓋<ruby>軟口蓋<rt>なんこうがい</rt></ruby>）に当てたのちに離すことで生成される。(4a)の示す調音位置とはこのように，子音をつくる際の調音器官による「阻害の位置」を表している。
　続いて，気流を阻害する際には，「どこで」阻害されるかとともにその気流が「どの程度」阻害されるかということも考慮する必要があり，子音を分類するうえでは重要な基準となる。(4b)の示す調音方法とは気流がどの程度阻害されるのか，すなわち100％閉鎖されてつくられるのか，あるいは接近するだけで閉鎖はともなわないのか，といった「阻害の度合い」を表している。
　3つ目の分類基準となる(4c)は，有声と無声の違いについての分類で，声帯の振動があれば「有声音」，振動がなければ「無声音」に分類される。声帯が振動しているか否かは，実は簡単に確認することができる。のどのあたりに手を当てながら [kkkkk...] と発音し，続けて [ggggg...] と発音すると，前者の場合，のどにはほとんど震えらしきものは感じられないか，あるいは感じることができたとしてもほんのかすかな震えでしかないのに対し，後者の場合はその震えがかなりはっきりと手に伝わってくるはずだ。この「はっきりとした震え」は，軽く合わさった声帯のひだを肺からの気流が通過することで生じる（図 2.3a）。無声音の場合は，左右のひだは開いた状態にあるため，気流は声帯を振動させることなく声道へと通り抜けていく（図 2.3b）。ちなみに，声帯がしっかりと閉まってしまうと気流が通り抜けることができず，発声ができない。こうした「固閉じ<ruby>固閉じ<rt>かたと</rt></ruby>」状態は重い荷物などを持ち上げる際に，「う〜ん」と力みながら踏んばる際の声帯の状態である（図 2.3c）。日本語の促音（小さい「っ」）はこうした固閉じ状態をいったんつ

くり，気流を声帯下に閉じ込めた後に一気に開放することで産出される代表的な音の１つである。このような声門の閉鎖によってつくり出される音は声門閉鎖音とよばれ，音声記号では/ʔ/と表す。英語の場合も，ロンドンの下町で話されているコックニー（Cockney）など一部の方言では語中の/t/を声門閉鎖音で発音することがある（butter /bʌtə/ → [bʌʔə]）。

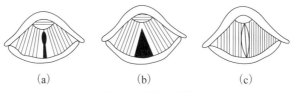

(a)　　　　　　(b)　　　　　　(c)

図 2.3　声帯の状態

（a）有声音，（b）無声音，（c）固閉じ。

（4a〜c）の分類基準に基づいて英語の子音をまとめると表 2.1 のようになる。参考までに日本語の子音も併記しておく。横軸には唇から声帯にいたるまでの調音位置を，縦軸には調音方法，すなわち，上から順に閉鎖の度合いのもっとも強い閉鎖音からもっとも弱い接近音にいたるまでをまとめてある。なお，同じ枠内に２つの子音が入っている場合，斜線（/）の左側が無声音で右側が有声音である。

表 2.1　英語と日本語の子音分類表

調音方法 \ 調音位置		唇音		歯	歯茎	後部歯茎	そり舌	硬口蓋	軟口蓋	口蓋垂	声門
		唇	唇歯								
閉鎖音	日	p / b			t / d				k / g		ʔ[3)]
	英	p / b			t / d				k / g		ʔ
摩擦音	日	ɸ			s / z		ɕ				(h)
	英		f / v	θ / ð	s / z	ʃ / ʒ					(h)
破擦音	日				ts / dz	tʃ / dʒ					
	英					tʃ / dʒ					
鼻音	日	m			n			ɲ	ŋ	N	
	英	m			n				ŋ		
弾き音	流音	日				ɾ						
	英				l　ɹ[1)]		ɻ[1)]					
接近音	わたり音	日	w[2)]						j	w[2)]		
	英	w						j	w		

　母音には調音器官による明確な阻害がないため，子音よりも方言差や個人差が大きい。たとえば，米国の多くの地域では banana [bənǽnə] と発音されるが，英国の代表的な方言の多くでは [æ] の代わりに [bəná:nə] と発音される。あるいは前述のコックニー方言は，today [tədéɪ] を [tədáɪ] と発音するなど，単音としての母音だけではなく二重母音の音質にもバリエーションが存在する。これに対して，子音は，気流が阻害されることによってつくり出される音で，とりわけ調音位置の基準がそれぞれの子音ごとに明確になっていることから，母音ほどの「ゆれ」は観察されない。

　以上のように，言語音は阻害があるかないかにより母音もしくは子音に分類されるのだが，さまざまな言語現象を説明する際，ある音の構成要素に着目することで現象の一般化（generalization）がしやすくなることがある。このような言語音の構成要素を音韻素性（phonological features）という。これはちょうど「水」という物質をその成分である水素(H)と酸素(O)の原子レベルで捉えるのと同じ発想である。たとえば，英語史における前古英語から古英語の時代にかけて，ある一定条件のもとにおいて，語末の /i/ と /u/ の母音がともに消失する過程があったとされる（例：/wurm-i/ → /wyrm/ ‘worm’（蠕虫），/flo:ð-u/ → /flōd/ ‘flood’（洪水））(Lass（1994: 99))。この「/i/ と /u/ が消失する」という説明を，両母音に共通した素性（つまり化学の世界でいうところの原子レベル）に着目して捉えなおすならば，語末の消失過程は「高舌母音」に適用されると解釈できる。つまり，単音レベルでは捉えにくかった共通点が「高舌性」という /i/ と /u/ がともに有している素性（成分）に着目することで見出しやすくなるという利点がある。

　こうした音韻素性は，母音であれば(3)の分類基準をもとに設定されている。たとえば，高舌の特徴を有していれば［＋高舌性］，有していなければ［－高舌性］という具合に，プラス（＋）やマイナス（－）の値を素性の前に付与することで，その素性の表す特性をそれぞれの言語音が有しているか否かが一目でわかるように工夫されている。言い換えるならば，1つの言語音は音韻素性が束になってで

---

1) [ɹ] はイギリス英語のr音で，舌先を歯茎の後ろの方にもち上げ，舌の中央をくぼませて発音する。[ɻ] はアメリカ英語のr音で，そり舌音として発音する。本書ではr音を [r] で表記する。
2) 日本語・英語の [w] は軟口蓋音であり，かつ唇の丸めを伴って発音するため，2つの調音位置を有すると解釈する。
3) 声門閉鎖音は英語の音素（音素についての詳細は 2.3 節参照のこと）ではないが，上記コックニーの説明に登場することから表に加えておく。

きているともいえる。

　音韻素性はもちろん母音だけではなく，子音にもある。ただし，子音は母音と
は異なった基準に則って分類される。巻末に子音と母音それぞれの代表的な音声
素性をまとめてある。

2.3 音　　素

　前節でもみたとおり，言語音は母音と子音に分類されるが，音声学や音韻論で
は，「実際に観察される音」と，脳内にある「抽象的な音」を分けて考えることが
多い。たとえば，第1章（p.2）で，過去形と過去分詞を表す -ed が played と looked
の2つの単語内においてそれぞれ異なった音で発音されると述べたが，これを「実
際に観察される音」と「脳内における音」という視点を取り入れながら整理する
と，(5)のようにまとめることができる。

(5)　脳内における音　　　　　実際に観察される音
　　 play＋ed　/plei/＋/d/　→　［pleɪd］
　　 look＋ed　/luk/＋/d/　→　［lʊkt］

(5)の play や look に付加されている -ed はどちらの場合も過去形と過去分詞を表
す形態素であるため，脳内における音は play, look ともに同じ /d/ であると想定で
きる。この /d/ が音環境を問わず，そのままの形でいつも観察されるのであれば
話は簡単なのだが，実際は，状況によって異なる音として現れる。たとえば play
につく時は［pleɪd］と発音されるが，look の場合は［lʊkt］と発音される。つまり，
-ed はある時には［d］と発音され，またある時は別の［t］という音で発音される。
「脳内における音」は基底表示（underlying representation）ともいい，「実際に観察さ
れる音」は表層表示（surface representation）ともいう。ことばの世界においては，
抽象的な基底表示と実際に観察される表層表示が，さまざまな操作を経た結果と
して異なるケースは多々ある。過去形や過去分詞の形態素 /d/ が異なる音で発音
されるのは，もとの単語の play と look それぞれの語末音の特徴に応じて変化する
からだ（詳細は 4.5 節参照）。

　ことばの研究，とくに言語学とよばれる学問領域は，こうした基底表示と表層
表示の関係を研究対象としていることが多く，どのレベルの話をしているのかを

明確にしておく必要がある。そこで，基底と表層のどちらのレベルにおける「音」なのかが一目でわかるように，音声学や音韻論ではカッコを使い分けている。(5)を注意深くみてみると，「脳内」のレベル（基底表示）ではスラッシュが使用され（/pleɪ/＋/d/），「実際に観察される」レベル（表層表示）ではブラケットが使われていることに気づくはずだ（[pleɪd]）。このようなスラッシュとブラケットの使い分けは少々面倒に思うかもしれないが，本書でもどのレベルの音なのかが重要な意味をもつ場合は2つのカッコ記号を使い分けるので注意深く読み進めてほしい。ただし，両者の区別がとくに重要でない場合は，煩雑さを回避するためにスラッシュ（/ /）を統一的に用いることとする。

　「脳内における音」と「実際に観察される音」が一致しないことを不思議に思うかもしれないが，こうした「基底」と「表層」の不一致は，実はさほど珍しい現象ではない。たとえば，「赤い色をしたものをリストアップしてみてください」といわれたら，どのように答えるだろうか。「リンゴ」と答える人もいれば「（日本の）郵便ポスト」と答える人もいるかもしれない。それ以外に，信号機の「赤」，あるいは赤ペンの「赤」と答える人もいるかもしれない。実は，私たちが日常生活において実際に目にしているリンゴや郵便ポスト，あるいは信号機の「赤」は厳密にいうと，色合いはすべて異なっている。つまり，実際は「同じ色」ではないにもかかわらず，これらをすべて「同じ赤いもの」の例としてあげるのはなぜかというと，リンゴの色，郵便ポストの色，信号機の色，いずれも私たちは脳内の抽象的なレベルでは「同じ赤色」の範疇に属するものとして捉えているからである。つまり，(6)のような関係性を見出していることになる。

(6)　脳内の「色」―実際観察される「色」

　　　　　　　　　┌ リンゴの色
　　　　　　　　　│ （日本の）郵便ポストの色
　　「赤」　　　　 ┤ 信号機の赤色
　　　　　　　　　│ 赤ペンの色　　　　　　　 …など
　　　　　　　　　└

脳内の「音」，すなわち基底表示における「音」と実際観察される表層表示における「音」は(6)の色の関係と同じように考えることができる。つまり，(7)のような関係を両者間に見出すことができる。

(7) 基底表示（＝脳内の「音」）―表層表示（実際観察される「音」）

$$\{\text{-ed}\} = /d/ \begin{cases} [d] & (\text{例：begged, played, robbed}) \\ [t] & (\text{例：baked, hoped, looked}) \\ [ɪd] & (\text{例：accepted, created, nodded}) \end{cases}$$

(7)にあるように，過去形や過去分詞の -ed は表層表示において，前述の [d]，[t] に加え，[ɪd] と発音される場合もある。つまり，実際観察されるのは異なる 3 音 だが，いずれも抽象的な脳内レベル（基底表示）では同じ /d/ として認識されて いる（詳細は 4.5 節参照）。これはちょうど(6)において，「リンゴの色」も「ポス トの色」もともに表面的には異なる色であっても，共通して「赤色」として認識 するのと同じことだ。このような脳内の抽象的なレベルにおける音を音素（pho- neme）という。一般的に私たちがことばを構成する音，すなわち言語音を考える 時に意識しているのは，基底表示としての音，すなわち音素である。

　音素はいうならばことばのレゴブロック（プラスチック製の組み立てブロック 玩具）のようなものだ。レゴブロックはその数や組み合わせ次第で，車や飛行機， クジラやキリン，さらには家など，さまざまな造形物をつくり出すことができる。 同様に，小さな「音素」というピースを組み合わせることで，さまざまな種類の 異なった「単語」という造形物を生み出すことができる。たとえば，/m/＋/e/＋/n/ の 3 音をあわせると [mɛn]（man の複数，男性たち）という単語ができ，それに さらに /d/ 音を加えれば [mɛnd]（修復する）という単語ができる。つまり，たっ た 1 音が加わるだけで，もとの単語とは異なる意味をもつ別の単語をつくり出す ことができる。さらに，もし [mɛnd] の最初の音を /s/ に変えれば，[sɛnd]（送る） という別の単語になる。ある音を別の音に置換することでも意味が変化するので ある。

　このようにみてみると，音素はある特定の言語の中で意味の違いを生み出す最 小音声単位（ピース）と言い換えることもできそうだ。もちろん音素をもとに複 数の単語をつくり出せば，単語よりも大きい句や節，さらには文を生み出すこと もできる。つまり，話しことばはたくさんの音素というピースからなる造形物と して考えることができるということだ。

　ここでちょっと注意してほしいのは，1.1 節（p.2）では意味をもつ最小単位で ある「形態素」という概念を紹介したのだが，「形態素」と「音素」は分けて考え ておく必要があるということだ。もちろんそれぞれの「形態素」には「音」があ

り，この「音」は「音素」によって構成されているので，形態素と音素は密接な
関係にある。これはたとえば「過去形と過去分詞の -ed という形態素の脳内にお
ける音（音素）は /d/ である」といった説明からも明らかだ。ただし，形態素は
意味上の言語単位であり，音の単位である音素とは区別しなければならない。た
とえば，先の ［mɛnd］ の例の場合，/m/ を /s/ に変えた結果，別の意味をもつ ［sɛnd］
という単語ができたからといって，/s/ という「音素」そのものにその別の意味が
付随しているわけではない。あくまでも意味をもつのは /s/ という音素が含まれて
いる ［sɛnd］ という「形態素」である。

　さて，話を音素に戻そう。こうした話しことばの「ブロック」はいったい何種
類存在するのだろうか。ブロックの数，つまりある言語の音素の数を割り出すた
めには，どの音とどの音が「同じ音」または「別の音」として認識されるのかを
区別しなくてはならない。2つの音が異なる意味をもつ2つの単語を生み出すな
らば，その2つの音は「異なる2つの音素」とみなされるし，2つの音が異なる
意味をもつ2つの単語を生み出さないのであれば，2つの音素とはいえない。先
ほどの例では，2つの音 /m/ と /s/ は，異なる意味をもつ2つの単語 ［mɛnd］ と
［sɛnd］ を生み出し，ネイティブはこの2つの音を「別の音」としてみなすことか
ら，英語では独立した2つの音素である。英語に限らず，日本語においても，/men/
と /sen/ はそれぞれ「メン」と「セン」という異なる2つの単語（たとえば「麺」
と「線」）を生み出すことから，それぞれ独立した音素とみなされる。では，/l/ と
/r/ はどうだろうか。英語の場合，/l/ と /r/ は異なる意味をもつ2つの単語 read /riːd/
（読む）と lead /liːd/（導く），あるいは lip /lɪp/（唇）と rip /rɪp/（切り裂く）を生み
出すことから，ネイティブにとってはやはりそれぞれ独立した音素である。とこ
ろが，日本語の場合，［len］ と発音しようが ［ren］ と発音しようが，どちらも同じ
「レン」（たとえば「連」）としてみなされる。つまり，英語では /l/ と /r/ は「別の
音」であるのに対し，日本語では「同じ音」とみなされる。こうなると「別の音」
と「同じ音」の基準が当初考えていたほど簡単ではないことがすぐにわかるだろ
う。もちろん /l/ と /r/ は音声特性が異なるので，日本語母語話者でも「なんとな
く /l/ よりも /r/ のほうが暗い感じがする」という程度の違いには気づくだろう。し
かし，その違いは意味的な対立を生じさせるほどのものではないため，日本語母
語話者にとって /l/ と /r/ は「同じ音」として認識され，対立するものではないと
いうことだ。「英語の /l/ と /r/ が区別しにくい」というのもこのあたりのことと決

して無関係ではない。

　以上の/l/と/r/の例からもわかるように，異なる音声特性を有する2つの音が2
つの音素としてみなされるかどうかは，実はそれぞれの言語によって異なる。lip
や rip など，1音だけが異なる語彙項目のことをミニマルペア（minimal pair：最小
対立語）といい，2つの音が独立した音素であるかどうかを決定する際の基準とな
る。こうした基準で認定された英語の音素は母音では15音（二重母音含む），子
音では24音ある。ちなみに，日本語は母音音素が5音，子音が17音あり，とく
に母音音素は英語のほうが日本語の約3倍もあり，圧倒的に多い。

　それぞれの単語は音素の組み合わせによって成り立っているということは先に
も述べたとおりだが，どんな組み合わせでもよいということではない。たとえば，
英語の /end/（終わり）の語末の /d/ を語頭位置に移動させた /den/（ねぐら）とい
う音配列は可能だが，語頭の /e/ を語末位置に移動させた /nde/ という配列は，単
独の単語として英語では認められない。語中では許される音連鎖であっても（例：
indent），語頭の位置で /nd/ という配列は英語では許容されないからだ。ただし，
英語では認められない語頭の /nd/ も，英語以外の言語，たとえばスワヒリ語など
では認められる（ndoto：夢）。このように音は無秩序に並べられているのではな
く，一定の規則に従っており，しかもその組み合わせに関する規則は言語ごとに
文法（つまりパターン）が存在する。ある言語を習得するということは，その言
語を構成する音，すなわち音素を習得するとともに，その音素の組み合わせに関
するパターンも習得するということだ。

　音素の組み合わせ，つまり音配列を規定する「型」は「音節」とよばれる。詳
しいことは第4章で取り上げる。

3

屈折形態素各論：形態編

第1章の最後の節で，英語の屈折形態素をまとめておいた。これをもう一度みてみよう。

(1) | | 屈折形態素 | 意味 | 例 |
|---|---|---|---|
| 動詞 | -ed | 過去 | walked, talked, buzzed, wanted |
| | -s | 三人称単数現在 | walks, talks, buzzes, wants |
| | -ing | 進行相 | walking, talking, buzzing |
| | -ed/-en | 完了相・受動 | walked, talked, buzzed, wanted, |
| | | | seen, broken, fallen |
| 名詞 | -s | 複数 | boys, girls, matches, cups |
| 形容詞 | -er | 比較 | taller, shorter, wider, longer |
| | -est | 最上 | tallest, shortest, widest, longest |

(1)にあげた形容詞同様，副詞も同じように比較と最上の形をもつ。また，will や can などの助動詞も動詞同様に過去形をもつ。この章では主に(1)のような屈折形態をネイティブの視点から考えていく。

3.1 動詞の屈折形態

この節では動詞の屈折形態についてみていく。はじめに規則的変化をみて，後半では不規則変化について考える。第1章でも述べたように，語形の規則は普通，例外が存在し，規則的な変化といわれるものでも，さまざまな条件下で例外が現れる。逆に，不規則変化として扱われるものでも，注意深く観察してみると，不完全ながらも一定の規則性が現れることがある。規則の中の例外と，例外の中にみつかる小さな規則を扱うのが形態論なのである。

英語の動詞の変化には，過去形，過去分詞形，三人称単数現在形，そして現在

分詞形がある。原形から並べていくと(2)のようになる（(1)は意味からの分類であるが，(2)は純粋に形からの分類である）。

(2)

原形	過去形	過去分詞形	三人称単数現在形	現在分詞形
walk	walked	walked	walks	walking

普通，現在形は主語が三人称単数の場合だけを取り上げ，それ以外の主語（一人称単数と複数，二人称単数と複数，三人称複数）を対象とすることはない。be動詞を除くすべての動詞で原形と現在形が同じ形をしているため，三人称単数形以外は，考える必要がないからである。しかし，be動詞だけが唯一の例外で，現在形でも人称や数によって変化する。この点については，不規則変化を取り上げる際，また改めて考えることにする。(2)のように変化形を並べ上げたものをパラダイム（paradigm（語形変化の一覧））とよぶ。英語はほかの言語と比べるとパラダイムが貧しく（変化が少ない），その意味ではやや例外的である。Aarts (2011: 22)はこれを次のように説明している。

> ... [I] n many languages the verbal paradigms display different forms for each person in the singular and plural, but English does not have a rich verbal inflectional system.
> （多くの言語で動詞のパラダイムは単数形でも複数形でも人称変化をするが，英語にはそのような豊かな動詞の屈折変化がない。）

英語の動詞のパラダイムでは，現在分詞形は例外なく -ing が原形につく形になる。これはいろいろな変化形で不規則性を示すbe動詞でも同じである（being となる）。

　ちなみに，日本の教育現場では，一般動詞と対立させるねらいから「be動詞」という言い方をするが，英語のネイティブ向けの文法書ではほとんどこうした表現はみられない。単に「動詞のbe」という具合に，ほかの動詞と同等に扱われるのが普通である。またHe is cute. のような SVC 構文に be が現れるときはコピュラ（copula）とよばれ，進行形や受動態に現れる be は「助動詞の be」として扱われる（詳細は第9章参照）。

　三人称単数現在の規則変化形では動詞の原形に -s がつく。そして過去形や過去分詞形は原形に -ed がついて，両者は同じ形になる。-s と -ed の規則変化に関して

は，基体の末尾の子音の種類によってそれぞれ，/s/, /z/, /iz/ と /t/, /d/, /id/ という
音のバリエーションがあり，/iz/ の場合にはそれに応じた綴りの変化がある。詳し
くは 4.5 節の屈折形態の音特徴を参照されたい。

　以上が規則変化動詞に関する基本原則であるが，これ以外に綴りとの関係で例
外的なパターンが観察される。これを主に Huddleston and Pullum（2002: 1597–
1599）を参照しながら紹介しよう。はじめに，過去形と過去分詞形そして現在分
詞形でみられる語末子音文字の二重化をみてみよう。(3a) の bat や (3b) の occur は，
過去形／過去分詞形に変化すると，規則通りの bated や occured ではなく，batted
や occurred のように語末子音文字が二重化されて綴られる。

　(3)　a.　bat（打つ）　　　　batted　　batting
　　　　b.　occur（起きる）　　occurred　occurring

現在分詞でも，規則通りの bating, occuring ではなく，batting, occurring のように語
末子音文字の二重化がみられる。このような子音文字の二重化は，-ed / -ing がつ
く単語（基体）の最後の子音文字の直前に 1 文字で表された母音の表示が先行し，
かつ最後の音節にアクセントが置かれる際に起こる。少し複雑なので例をみなが
らゆっくり考えてみよう。

　たとえば (3a) の bat では，基体の最後の子音文字は t で，それに先行する母音を
表しているのが a である。a は一文字で，かつ bat は 1 音節でできた単語なので，
必然的に「最後の音節」にアクセントが置かれることになる。したがって bat は
子音文字二重化の条件にかなって batted や batting と綴られる。occur の場合も同
様で，-ed / -ing がつく単語の最後の子音文字である r の直前の母音表示が 1 文字
の u で，アクセントが oc-cúr のように最後の音節に置かれる。このため occur で
も子音文字の綴りの二重化が起こるのである。

　この規則には，母音を表す文字が 1 文字であるという制限と基体の最後の音節
にアクセントが置かれるという 2 つの制限がある。この条件に 1 つでも合致しな
い場合には原則として子音文字の二重化が起こらない。

　(4)　a.　look　looked　looking
　　　　b.　visit　visited　visiting

(4a) の look では母音の表記が oo で，これは 2 文字になるので，-ed や -ing が後続

しても kk とはならない。また(4b)の visit では，語末の t に先行する母音は 1 文字
の i であるが，アクセントは第 1 音節の vis にあるため，t の二重化が起こってい
ない。

　しかしながらこの 2 つの条件のうち，アクセントの条件は無視されることが例
外的にある（最後の音節以外にアクセントがある場合でも子音文字の二重化が起
こることがある）。

（5）　a. level（平らにする）　levelled / leveled　　levelling / leveling
　　　b. focus（集中する）　　focussed / focused　　focussing / focusing
　　　c. worship（崇敬する）　worshipped / worshiped　worshipping / worshiping
　　　　　　　　　　　　　　　　　　　　（Huddleston and Pullum（2002: 1597））

level と focus そして worship では，すべてアクセントが第 1 音節に置かれる。こ
れらの場合，アメリカ英語では語末の文字の二重化が起こらず，イギリス英語で
は二重化が起こる[1]。また，アメリカ英語でも，(5)のような場合は普通，語末文
字の二重化が起こらないが，handicap や format は例外で，-ed や -ing がつくと必
ず二重化が起こる（handicapping, formatted のように綴る）。

　これと似た綴りの現象として，c で終わる単語の後に k が挿入される例がある。

（6）　picnic　picnicked　picnicking　　　　　（Huddleston and Pullum（2002: 1598））

picnic の場合，-ed や -ing がつくと，c を挿入して cc と二重化するのではなく，(6)
に示すように k を挿入し ck となる。さらに(7)は比較的よく知られた綴りの決ま
りごとに関する例で，-ed がつくことによって基体の y が i に変わる（-ing がつく
ことによる変化はない）。

（7）　deny　denied　denying

deny のほかに carry, cry, try がこの部類に属する。ただし，基体の y がすべて i に
変わるかというとそうではなく，(8)のように y が変化せず，そのまま -ed がつく
例もある。

---

1)　屈折形態以外でも，アメリカ英語にはみられない子音文字の二重化がイギリス英語にみられることが
　　ある。コンピュータ用語としての「プログラム」の場合は，イギリス英語でもアメリカ英語と同じ
　　program の綴りであるが，たとえば「予定表」など，その他の意味で用いられる場合，イギリス英語
　　の綴りは programme となる。

(8) play　played / *plaied　playing

(7)と(8)の違いはどこにあるかというと，(7)の deny では y は単独で母音の発音
/ai/ を表しているが，(8)の play の y は，直前の a の文字とともに二重母音/ei/の発
音を表している。つまり，y がほかの文字と一緒になって特定の母音（もしくは
二重母音）を表す場合，この変化は起こらない。

　では，次に不規則変化動詞について考えていこう。不規則変化動詞といえば，
take-took-taken のような，原形-過去形-過去分詞形の変化の例がすぐに思い浮か
ぶ。もちろん英語の不規則変化動詞といえば，原形から予測のつかない過去形や
過去分詞形をもつ動詞が主である。しかし，わずかながら現在形でも不規則な変
化をみせる動詞がある。ここではまずそのような例をみていこう。

　よく知られているように，英語では三人称単数の主語に対して，-s という形態
素が動詞につくことによって主語と動詞が形態的に一致する（選ばれた主語の人
称や数に合わせて動詞の形が変化する）。この変化に関して(9)にあげた4つの動
詞が不規則な形をとる。

(9) a. be　　is
　　b. have　has
　　c. say　　says　/sez/　（予測される /séiz/ ではない）
　　d. do　　does　/dʌz/　（予測される /duz/ ではない）

(Huddleston and Pullum (2002: 1599))

be と have の場合，(9a, b) にあるような予測不可能な形の単語に変化することか
ら，発音と形態はともに例外的といえる。(9c)の say は，基体に -s を付加するだ
けなので形態と綴りは規則のとおりである。ただし，発音については，本来予測
されるはずの /seiz/ ではなく /sez/ となる。(9d)の do については，o で終わる単語
に -s がつく場合，e が挿入されるという原則に則っており，やはり形態と綴りは
規則に則っている。ただし，says 同様，基体に -s を付加した際に予測される /duz/
とは異なる発音となる（詳細は 3.2 節参照）。

　また be はこのほかの点でも，ほかのどの動詞の変化とも異なる不規則性を示
す。英語では，複数主語に対して動詞の人称と時制による変化がまったくない。
この点では be もほかの動詞と同じである（cf(10)）。

（10）　複数形の動詞変化

　　　　［現在形］

原形	一人称	二人称	三人称
be	are	are	are
walk	walk	walk	walk

　　　　［過去形］

原形	一人称	二人称	三人称
be	were	were	were
walk	walked	walked	walked

これに対し，（11）の下線部のように単数主語の場合，be 動詞だけ現在形と過去形ともに一人称がほかと違う形（am / was）になる。

（11）　単数形の動詞変化

　　　　［現在形］

原形	一人称	二人称	三人称
be	<u>am</u>	are	is
walk	walk	walk	walks

　　　　［過去形］

原形	一人称	二人称	三人称
be	<u>was</u>	were	was
walk	walked	walked	walked

また，（11）の囲いで示したように be の三人称単数形は，過去形でも二人称（were）とは違う形で，ほかの動詞とは違う不規則変化をしている。動詞 be は，人称や数そして時制によって変化すると，変化形が原形の be とは直接関係のない形態になる。これもまた be の極端な不規則性を示している。このように基体とは音的に関係のない変化形のことを補充形（suppletive）とよぶ。

　次に過去形や過去分詞形の不規則変化を考えていこう。英語には約 250 もの不規則変化動詞がある。しかし一概に「不規則」といっても原形とはまったく関係のない過去形や過去分詞形が予測不可能な形で現れるわけではない。また，やや矛盾した言い方であるが，不規則変化の中にさらに小さなパターンがみられることもある。たとえば break-broke-broken は，過去形と過去分詞形ともに原形の形からは予測ができないという意味で典型的な不規則変化動詞である。しかし break

と同じように，choose は choose-chose-chosen と変化し，freeze は，freeze-froze-frozen と変化するので，これら3つの不規則変化動詞が小さな同じパターンを示し，1つのグループになっていることがわかる。このような規則性は無意識のうちにネイティブの語彙的な知識となっていると思われる。以下では Quirk et al. (1985: 102-114) の不規則変化動詞の記述に基づきながら，不規則変化動詞の形を規則変化動詞と比較しながらみていく。

　不規則変化動詞は原形の形から過去形や過去分詞形が予測できない動詞のことであるから，まず比較の対象として規則変化動詞の特徴をみておく。

（12）原形　過去形　　　　過去分詞形
　　　play　played /pleid/　played /pleid/
　　　walk　walked /wɔːkt/　walked /wɔːkt/

（12）で例を示したように，規則変化動詞は3つの特徴をもっている。まず，過去形と過去分詞形で原形にはない形態（規則変化の場合は -ed）が現れる。これを「形態変化性」とよぶことにする。2つ目は，過去形と過去分詞形が同じ形になっている（これは「同型性」とよぶ）。3つ目は，原形の母音と同じ母音が過去形と過去分詞形でも保持される（「母音保持性」とよぶことにする）。

（13）a. 形態変化性：過去形と過去分詞形で原形にはない形態（規則変化の場合は -ed）
　　　　が現れる
　　　b. 同型性：過去形と過去分詞形が同じ形になっている
　　　c. 母音保持性：原形の母音と同じ母音が過去形と過去分詞形でも保持される

これら3つの観点から，不規則変化動詞をさらに6つの下位区分へと分類することができる。まず，6分類をまとめてみてみよう。

（14）形態変化性と同型性そして母音保持性をすべて保った不規則変化動詞
　　　代表例　　：burn-burnt-burnt
　　　ほかの例：learn-learnt-learnt　　smell-smelt-smelt
　　　　　　　　spell-spelt-spelt　　　spill-spilt-spilt
（15）形態変化性と同型性を保った不規則変化動詞
　　　代表例　　：bring-brought-brought
　　　ほかの例：creep-crept-crept　　　kneel-knelt-knelt
　　　　　　　　leave-left-left　　　　sleep-slept-slept

(16) 同型性と母音保持性を保った不規則変化動詞

　　代表例　　：cut-cut-cut

　　ほかの例：bet-bet-bet　　　　　　hit-hit-hit

　　　　　　　put-put-put　　　　　　shut-shut-shut

(17) 形態変化性だけを保った不規則変化動詞

　　代表例　　：break-broke-broken

　　ほかの例：choose-chose-chosen　　speak-spoke-spoken

　　　　　　　steal-stole-stolen　　　weave-wove-woven

(18) 同型性だけを保った不規則変化動詞

　　代表例　　：strike-struck-struck

　　ほかの例：bleed-bled-bled　　　　dig-dug-dug

　　　　　　　spin-spun-spun　　　　swing-swung-swung

(19) 規則変化動詞のすべての特性を失った不規則変化動詞

　　代表例　　：swim-swam-swum

　　ほかの例：begin-began-begun　　　drink-drank-drunk

　　　　　　　sing-sang-sung　　　　stink-stank-stunk

(14)～(19)をまとめると表 3.1 のようになる。グレーの部分は，組み合わせとしてはありえるが英語の不規則変化動詞にみられないパターンを示している。

表 3.1　動詞の不規則変化の分類

形態変化性	同型性	母音保持性	例
○	○	○	(14)
○	○	×	(15)
×	○	○	(16)
○	×	○	——
○	×	×	(17)
×	○	×	(18)
×	×	○	——
×	×	×	(19)

　(14)の burn-burnt-burnt の分類から考えてみよう。これが規則変化に一番近い形の不規則変化動詞である。実際，burn は burn-burned-burned と普通の規則変化もする。burn-burnt-burnt の不規則変化では，形態変化性ならびに同型性そして母音保持性という規則変化動詞の 3 つの特性をすべて保っている。burn-burnt-burnt が不規則なのは，-ed の代わりに -t という形態が過去形と過去分詞形で用いられ

ていることだけである。過去形と過去分詞形の発音は /bəː(r)nt/ である。基体の最
後の発音は /n/ なので，規則変化の場合，予測される過去形と過去分詞形の発音
は /bəː(r)nd/ である（4.5節参照）。したがって burnt は形態的にも音的にも「予測
外」の変化を示し，不規則変化動詞として分類される。しかし規則変化の(10)の
walked をみると，綴りこそ -ed であるが，この部分の発音は（-ed が無声化した）
/t/なので，burnt という形（とりわけその発音）はかなり規則変化動詞に近いこと
がわかる。

　(15)と(16)の2つのグループでは，規則変化動詞の3つの特性のうちどれか1
つが失われるという特徴を示す。(15)は母音保持性を失う形の不規則変化動詞で
ある。bring-brought-brought がこのグループの典型となる。/i/ という基体の母音
は /ɔː/ にとって代わられているものの，-t という接辞が現れ，かつ過去形と過去
分詞形が同型になっている。

　これとは対照的に形態変化性だけを失ったと考えられる(16)の代表に cut があ
る。cut は cut-cut-cut のように，一見過去形・過去分詞形が原形と変わらないの
で，無変化動詞とよばれることがある。しかし，3つの規則変化動詞の特性から
眺めてみた場合，cut は同型性（過去形と過去分詞形が同じ形）と母音保持性（原
形の母音が過去形と過去分詞形で保持される）の特徴を保持しているといえる。
したがって，cut-cut-cut の変化は，形態変化性だけが規則変化と違う不規則性を
示していることになる。上記に示す組み合わせのほか，可能性としては，同型性
だけが失われて形態変化性と母音保持性を維持した不規則変化動詞があってよい
わけであるが，英語ではこのパターンがみられない（表3.1の(16)と(17)の間の
グレーの部分）。

　(17)と(18)の2つのグループの動詞では，規則変化動詞の1つの特性だけが保
持され，2つの特性が失われる。(17)は形態変化性だけを保つ動詞のグループで
ある。break-broke-broken がこのグループに属する。過去形 broke が原形 break と
は違う変化形態となっているかは微妙であるが，過去分詞形の broken では，-en
という形態が用いられ，形態変化性は保持されている。しかし母音は/ei/から/ou/
と変化し，過去形と過去分詞形も別の形態（-ke と -ken）となっている。

　次に(18)の strike-struck-struck を考えてみよう。この変化では原形にみられな
い特別な接辞が過去形や過去分詞形に現れることがなく，形態変化性が失われて
いる。また母音は /ai/ から /ʌ/ へと変化し，基体の母音が変化形で維持されていな

い。しかし，かろうじて過去形と過去分詞形が同型で，ほんのわずかだが規則変化との共通点があるといえる。これらのほか，母音保持性だけを保った不規則変化動詞が組み合わせとしてありえるが，英語にはこの型の変化動詞がみられない（表3.1の(18)と(19)の間のグレーの部分）。

　不規則変化の動詞最後のグループの(19)は，規則変化動詞の3つの特性のすべてを失った動詞群である。これには，swim-swam-swum や begin-began-begun などが属する。これらの変化形には，過去形や過去分詞形に固有の形態素がない。また，基体の母音が変化形で保たれておらず，過去形と過去分詞形も別の変化形である。こうして不規則変化動詞を規則変化動詞の3つの特性から捉えなおすと，この最後のグループは3つの特性のすべてをもたないという点で「かなり不規則」ということになる。しかし最後のグループの動詞もすべて，現在形–過去形–過去分詞形の母音の変化が /i/–/æ/–/ʌ/ と同じパターンを示す。したがってやはりこの不規則変化でも，「不規則の中に小規模でのパターンがある」といえる。つまり，ネイティブの感覚として，不規則変化動詞は文字通り不規則なのではなく，小さな規則に基づいて記憶されていると考えられる。

3.2　名詞の屈折形態

　この節では名詞の屈折形態について複数形を中心にみていく。多くの言語で，名詞は性，数，人称または格などによってさまざまな形へと変化（屈折）する。英語はこの点で変化が非常に乏しい言語であるといえる。かろうじて代名詞に数や人称そして格の違いで形態の違いが明確に現れる。まずこれを概観しておこう（Aarts (2011: 29)）。

(20)		主格	対格	所有格	
				依存形	独立形
一人称単数		I	me	my	mine
一人称複数		we	us	our	ours
二人称単数		you	you	your	yours
二人称複数		you	you	your	yours
三人称単数		she / he / it	her / him / it	her / his / its	hers / his / its
三人称複数		they	them	their	theirs

(20)の「対格」というのは accusative の訳で，ほかに目的格（objective）とよばれることもある。対格という言い方をする場合，ほかの言語で目的語の格変化が何通りか別の形をもつことがあって，それを意識していることが多い。たとえばドイツ語では「彼に」という意味では ihm を使い，これは与格（dative）とよばれる。対格形は ihn で「彼を」という意味である。英語ではこの区別が歴史的に失われているので，（対格と与格を区別せずに）目的格と大きく区切ってしまっても形態上は問題ない。Aarts（2011）に従って，いわゆる所有格を依存形の所有格（ほかの名詞に先行して使われる）と独立形の所有格（それ自身で独立した名詞として用いることができる）として区別しておく。

　(20)をみて明らかなことは，二人称の主格と対格（どちらも同じ形の you）のような例を除けば，代名詞の場合，数，人称そして格によって違う形態になることである。これに対し，普通名詞の場合，代名詞とはかなり異なる形態となる。まず，普通名詞の場合，主格と対格の形は同じになる。

(21)　a. She likes the guy.　（彼女はその男が好きだ。）
　　　 b. The guy likes her.　（その男は彼女が好きだ。）

(21)では，代名詞の she / her は主語（主格）であるか目的語（対格）であるかによって形を変えているが，普通名詞の the guy は，どちらの場合も同じ形である。また，普通名詞の場合，所有格も依存形と独立形の区別はなく，どちらも「名詞 's」の形になる。

(22)　a. Johnny is <u>my father's</u> friend.　（ジョニーは父の友達だ。）
　　　 b. Johnny is an old friend of <u>my father's</u>.　（ジョニーは父の昔からの友人だ。）

　数に関しては普通名詞の多くで，複数形が単数形とは違う形をもつ（「単数形名詞＋s」がもっとも一般的な形である）。したがって普通名詞の変化形は所有格と複数形の2つのみである（普通名詞はすべて三人称なので代名詞と違い人称の区別は考える必要がない）。それぞれ基本的な形は単純でわかりやすいが，細かくみていくと「小さな規模でのパターン」がいろいろみつかる。

　この節の残りでは複数形に関して小さな規模でのパターンをみていくことにする。普通名詞の複数形には「名詞＋s」の規則に則った場合と例外的な場合の2つの形がある。規則的な変化では複数形の -s の発音に /s/, /z/, /iz/ のバリエーション

があることがよく知られているが，詳しくは 4.5 節で取り上げるので，ここでは規則的な複数形の形態に絞って考えていくことにする。いろいろな条件によって複数形の -s に小さな綴りの違いが現れる。-y で終わる名詞から考えていこう。

　(23a)のように語末の -y が，それ自身で（ほかの綴りに依存することなく）母音を表している場合，-y が -i となって複数形の -es がつく。

(23) a. lady-ladies（女性）　baby-babies（赤ちゃん）　city-cities（町）
　　　b. guy-guys（男）　　　quay-quays（埠頭）　　donkey-donkeys（ロバ）
　　　　　　　　　　　　　　　　　　　　　　　（Huddleston and Pullum（2002: 1585））

(23a)の変化は，(7)でみた動詞の deny-denied の綴りの変化と同じである。(23b)では，-uy [aɪ] や -ay [iː] そして -ey [i] のように -y は直前の文字とともに母音の一部を表すので，このような場合 -y が -i に変化する規則がはたらかず，複数形の-s は基体の名詞にそのままつく形になる（(8)の play-played と同様のルールである）。

　(23a)のように複数形の綴りに（-s ではなく）-es がつく場合，発音は /ɪz/ となる。しかしそのほかに，音の変化をともなわず（発音は /z/ のまま）綴りだけが-es となる場合がある。それは名詞が -o の綴りで終わる場合である（例は(25)でみる）。名詞の最後の綴りが -o でも，母音を表す綴りが -o に先行する場合には，規則のとおり複数形では -s だけがつく。

(24) bamboos（竹），kangaroos（カンガルー），patios（中庭），radios（ラジオ）
　　　　　　　　　　　　　　　　　　　　　　（Huddleston and Pullum（2002: 1586））

(24)の bamboo や kangaroo は，名詞最後の綴りが -o であるが，さらに母音を表わす別の綴りである o がこれらに先行しているため，複数形は単に -s で -es とはならない。このほかの場合，つまり子音を表す綴りが -o に先行する場合 3 種類の形がある。まず，(25a)のように，-es だけがつく単語と，(25b)のように -s の場合も-es の場合もある単語がある。さらに(25c)のように -s だけがつく単語もある。これらのうちのどれに属するかはそれぞれの単語ごとに決まっていて予測できない。

(25) a. -es のみ　　　　　　　echoes（エコー），embargoes（輸出入禁止），heroes（英雄）

　　　b. -s / -es どちらも可能　　banjos / banjoes（バンジョー），cargos / cargoes（積荷），
　　　　　　　　　　　　　　　　　volcanos / volcanoes（火山）
　　　c. -s のみ　　　　　　　　bistros（居酒屋），cellos（チェロ），pianos（ピアノ）
　　　　　　　　　　　　　　　　　　　　　　　　　（Huddleston and Pullum（2002: 1586））

　以上が規則的な複数形の形成である。次に不規則的な複数形のつくり方をみて
いく。はじめは，複数形が特別な形をもたず，単数形と複数形が同じ形になる場
合を考えていこう。このような複数形は裸の複数形（bare plural）とよばれる。た
とえば sheep が裸の複数形をもつ。

　（26）　a. A <u>sheep</u> is running.　（1 頭の羊が走っている。）
　　　　　b. Two <u>sheep</u> are running.　（2 頭の羊が走っている。）

（26a）では単数形として，（26b）では複数形として同じ形態の sheep が使われてい
る。cattle や police も形態上 -s がつかないが，sheep とは区別して考える必要があ
る。すなわち，sheep などの名詞は「裸の複数形（つまり -s がつかない形）」であ
り，単数も複数も同じ形をしているのに対し，cattle や police は常に複数形扱い
で，単数形がそもそも存在しない。裸の複数形をもつ名詞には，魚の名前（fish
もこのうちの 1 つである）や狩りの対象となる動物が含まれる。fish（魚），carp
（鯉），cod（タラ），salmon（サケ），trout（マス）などが裸の複数形をもつ魚関係
の名詞である。これらは通常，単数複数同形で用いられる。しかし，食用に魚を
買うとき（I need three herrings.）や魚の種類の違いを話題にするとき（several dif-
ferent kinds of fishes）には複数形が用いられる。

　魚の名前のほか，bison（野牛），deer（鹿），moose（ヘラジカ）などが常に単数
複数同形で使われる動物名である。これらは狩りの対象となるが，elephant（ゾ
ウ），giraffe（キリン），lion（ライオン）などは普通狩りの対象とはならないため，
通常の -s をともなった複数形をもつ。しかし Huddleston and Pullum（2002: 1588）
は，これらの名詞でも，狩りの対象とする場合（They were hunting elephant.）や，
群れを 1 つの集合としてみなす場合（a herd of elephant）は裸の複数形が用いられ
るとしている。

　このような場合とは別に，名詞の語末の発音（あるいは形態）によって裸の複
数形が現れる場合もある（Huddleston and Pullum（2002: 1589））。名詞の末尾の発音
が /s/ あるいは /z/ の名詞であれば，通常 -es がついた複数形が使われる（4.5 節参

照）。しかし barracks（兵舎），crossroads（交差点），headquarters（司令部），means（手段）のような単語は単数形と複数形の区別はなく，同じ形が単数形としても複数形としても用いられる。このような例では，単語のもともとの形が複数形にみえるため，さらに -es をつけて複数形にすることがないのだと推測できる。

また，-ese で終わる国民名を示す Chinese（中国人）や Japanese（日本人）そして Vietnamese（ベトナム人）も単数と複数が同形となる。やはりこの場合も語尾の形がすでに複数形を連想させるからであろう。しかし，これらの単数形の用法（a Japanese）は，古めかしい感じがしたり，人によっては侮蔑的に感じられるようで，使用頻度が少なくなってきている。以上の裸の複数形をもつ名詞をまとめると(27)のようになる。

(27)　裸の複数形をもつ名詞
  a. 単数形と複数形が同型の場合：fish（魚），carp（鯉），cod（タラ），
   salmon（サケ），trout（マス），sheep（羊）
  b. 常に複数形として用いられる場合：cattle（牛），police（警察）
  c. 単数の語末が複数形にみえる場合：barracks（兵舎），crossroads（交差点），
   headquarters（司令部），means（手段）
  d. -ese で終わる国民名：Chinese（中国人），Japanese（日本人），
   Vietnamese（ベトナム人）

最後に，基体の母音変化によって複数形を表す例をみてみよう。次の 7 つの単語がその例である。

(28)　tooth-teeth（歯）　　　goose-geese（ガチョウ）　foot-feet（足）
  louse-lice（シラミ）　　mouse-mice（ネズミ）　　man-men（男）
  woman-women（女）　　　　　　　　　（Huddleston and Pullum（2002: 1589））

英語においてこのような母音変化による複数形の形成は一般的に姿を消しつつある。たとえば（生き物の「ネズミ」ではなく）コンピュータの「マウス」という意味で mouse が複数形で用いられる場合，母音変化による複数形の mice ではなく mouses がより一般的になってきている。-man が複合語として用いられた場合の複数形ではおもしろいことが起こる。たとえば fireman の複数形は firemen のように -man が -men になる。単独で現れる場合，man /mǽn/ と men /mén/ では母音が異なる。しかし fireman や firemen では，アクセントは第 1 音節の fire- に置かれ

るため，それに続く -man と -men はどちらも音が弱化する。その結果，綴りは違っても単数形も複数形も発音は同じ /fáiə(r)mən/ となる。

　-s による複数形化にともなって，名詞の最後の子音の /f/ と /θ/ そして/s/が有声化するという現象もある。一例をあげると，単数形の house /háʊs/ に対して，複数形が houses /háʊzɪz/ となる。詳しくは 4.5 節を参照されたい。

3.3　比較級と最上級の屈折形態

　英語の形容詞や副詞は，比較級と最上級という形で，もとの単語とは違う形態をとる。形態的には -er と -est を基体につける屈折形の変化と，もとの単語の前に more と most をつける分析形（analytic）の 2 種類がある。この節では比較級と最上級の形態に関係する現象を考察していく。

　まず，屈折形の変化をみていく。規則変化をみた後に不規則変化をみて，その後に屈折形と分析形の使い分けなどを考える。規則的な変化は，形容詞や副詞の語尾に -er がつけば比較級で，-est がつくと最上級である。綴りに関しては，英語のほかの屈折や接辞と同じように若干の調整が行われることがある。

（29）a. big（大きい）　　bigger　　biggest
　　　b. nice（素敵な）　　nicer　　nicest
　　　c. pretty（かわいい）　prettier　prettiest　　　（Huddleston and Pullum（2002: 1581））

（29a）では，比較級の形態素 -er や最上級の形態素 -est がつくことで語末の子音文字が 2 つになっている。（29b）では語末の -e が脱落し，（29c）では -y が -i へと変化した後，-er や -est がついている。語末の子音文字が 1 つから 2 つになる場合は，母音を表す文字が 1 文字であるという条件がある。big の場合，母音を表すのが i という 1 文字なのでこの条件を満たし，比較級と最上級で綴りがそれぞれ bigger と biggest になっている。語末が子音 1 文字で終わっていても cheap や weak では母音を表す文字が ea と 2 文字なので，*cheapper のように子音文字の二重化は起こらず，cheap-cheaper-cheapest と綴られる。

　（30）はこのような場合とは違い，言語環境からも予測ができない完全に不規則な変化による比較級や最上級の例である。

（30）　good / well（よい）　　　better　best
　　　　ill / bad / badly（悪い）　worse　worst
　　　　much / many（多い）　　more　most
　　　　little（小さい）　　　　　less　least
　　　　far（遠い）　　　　　　　farther / further　farthest / furthest
　　　　old（古い）　　　　　　　older / elder　oldest / eldest
　　　　　　　　　　　　　　（Huddleston and Pullum（2002: 1582），Swan（2005: 113））

ill / bad / badly と much / many の場合，同じ形の比較級・最上級（それぞれ worse / worst と more / most）をもつ。old は，old-older-oldest という規則変化形に加えて，old-elder-eldest という不規則変化形をもつ。elder と eldest の使用は，意味的，文法的に制限されている。次の例をみてみよう。

（31）　*the elder of the two editions　（2 つの版のうちの先のもの）
（32）　a. my elder brother（兄），her eldest daughter（長女）
　　　　b. *Which one is elder?　（どちらが年上ですか。）

　　　　　　　　　　　　　　　　　（Huddleston and Pullum（2002: 1582））

まず意味的にこれらの不規則形は，家族間の年齢が上か下かを言い表すときにだけ使える。したがって(31)のように，より先に出た印刷物を言い表すために elder は使えない。また不規則変化形が使えるのは(32a)のような限定用法（名詞を修飾する場合）だけで，(32b)のように述語として（補語として）不規則変化形の elder や eldest を用いることはできない。一方 old-older-oldest のような規則変化の場合にはこのような制限はなく，(31)や(32b)のような場合でも，また(32a)のような不規則変化形が用いられる場合でも制限なく使うことができる。
　さて，次は基体が変化する屈折形の比較級や最上級と more や most による分析形の比較級や最上級を比べていこう。多くの形容詞で両方の形が可能で，また分析形だけをもつ形容詞もたくさんある。その一方で屈折形しかもたない形容詞の数はそれ程多くない。それぞれの代表例を(33)にあげてみよう。

（33）　　　　　　　　　屈折形　　　　　　　　　分析形
　　　どちらも可能　　lively　livelier　liveliest　more lively　most lively
　　　　　　　　　　　（活気がある）

| 分析形だけ可能 | public
（公の） | *publicer | *publicist | more public | most public |
| 屈折形だけ可能 | good
（よい） | better | best | *more good | *most good |

どの形容詞がどのタイプに属するのかに関して絶対的な基準は存在せず，たいていの場合，屈折形と分析形のどちらがより現れやすいかという程度の問題になる。そのうえである程度の目安があるので，これがネイティブの感覚ということになる。一番明らかなケースは，動詞の分詞から派生した形容詞で，この場合は(34)が示すように例外なく分析形が用いられる。

(34) amazing（驚くべき）　　more amazing　most amazing
　　 amazed（驚愕した）　　more amazed　most amazed
　　 pleasing（楽しい）　　more pleasing　most pleasing
　　 pleased（喜んでいる）　more pleased　most pleased

　1 音節でできた単語は普通，屈折形をもつが，(35)のようにいくつかの形容詞では例外的に 1 音節でも分析形だけが可能である。

(35) real（現実の）　　　　more real / *realer　　　　most real / *realest
　　 worth（価値がある）　more worth / *worthier　　most worth / *worthiest
　　 shocked（びっくりした）more shocked / *shockeder　most shocked / *shockedest

shock の例からわかるように，動詞から派生した分詞形容詞は 1 音節でもやはり分析形だけが可能である。ほかに fake（偽の）や prime（主要な）そして wrong（間違った）などが 1 音節でありながら屈折形の比較級や最上級をもたない形容詞の例である。1 音節の形容詞で屈折形をもつものでも，普通は分析形でも使うことができる。しかし使用頻度の高い，big（大きい），large（広い），high（高い），low（低い），fat（太った），thick（厚い），thin（薄い），long（長い），short（短い），fast（速い），slow（遅い），hot（暑い），cold（寒い），cool（涼しい），old（歳をとった），young（若い），clean（きれいな），great（偉大な），wide（幅が広い）のような 1 音節の形容詞は，屈折形が用いられることが普通である（Huddleston and Pullum（2002: 1583））。(30)のように不規則変化をする形容詞の場合，不規則変化形が優先され（不規則変化形は屈折形であることに注意），分析形は用いられ

ない。つまり good の比較級と最上級はそれぞれ better と best で，*more good とか *most good とはいえない。

　普通は屈折形が用いられる 1 音節の形容詞でも，直後に than をともなわない場合であると分析形が用いられることがある。(36a)がこの例で，「比較級 and 比較級」のイディオムの形なので than が後続していない（そのため分析形が用いられている）。

(36)　a. The road's getting more and more steep.　（steeper and steeper も可能）
　　　　　（道はどんどん険しくなっていく。）
　　　b. He's more lazy than stupid.　（lazier than stupid は不可能）
　　　　　（彼は愚かというより怠け者だ。）　　　　　　　　　　（Swan（2005: 114））

また，(36b)のように 2 つの形容詞（lazy と stupid）を比較する場合は，たとえ屈折形が可能な形容詞であっても分析形が使われる。

　2 音節の形容詞では，分析形が常に可能で，単語によっては屈折形が使える場合もある。基体の形容詞の前方の音節にアクセントがある場合，語尾の形態によって屈折形が使えるかどうかがだいたい決まる。(37a)が屈折形が可能な形態で，(37b)が不可能な形態である。

(37)　a. 屈折形が可能な 2 音節の形容詞の形態
　　　　　-y　　　angry（怒った），dirty（汚い），early（早い），easy（簡単な），
　　　　　　　　funny（おかしい）...
　　　　　-ly　　costly（お金がかかる），friendly（友好的な），likely（ありそうな），
　　　　　　　　lovely（可愛い），manly（男らしい）...
　　　　　-le　　able（能力のある），ample（潤沢な），feeble（弱々しい），gentle（優しい），
　　　　　　　　humble（謙虚な）...
　　　　　-ow　　hollow（空洞の），mellow（円熟した），narrow（狭い），sallow（黄ばんだ），
　　　　　　　　yellow（黄色い）...
　　　b. 屈折形が不可能な 2 音節の形容詞の形態
　　　　　-ful　　bashful（恥ずかしがりの），careful（注意深い），cheerful（朗らかな），
　　　　　　　　graceful（上品な），useful（役に立つ）...
　　　　　-ish　　boorish（がさつな），boyish（男の子のような），brutish（粗野な），
　　　　　　　　foolish（馬鹿みたいな），sheepish（内気な）...

-al　focal（焦点の），global（世界的な），legal（法律の），lethal（致死の），
local（地方の）...

-ic　caustic（辛辣な），chronic（慢性的な），comic（滑稽な），cyclic（循環の），
epic（壮大な）...

-ous　anxious（不安な），callous（冷淡な），cautious（注意深い），
conscious（意識している），famous（有名な）...

(Huddleston and Pullum (2002: 1583))

このような使い分けは音声的に完全な形の規則によって決定することができず，最終的には単語ごとに使い分けが決まっている。(38)のように，前方の音節にアクセントがあって後方の発音がまったく同じ場合でも，(38a)の形容詞は屈折形が許され，(38b)の形容詞には屈折形が許されない。

(38) a. stupid（愚かだ）　　　handsome（ハンサムだ）　common（一般的だ）
clever（賢い）　　　　wicked（邪悪だ）　　　pleasant（楽しい）
b. placid（穏やかだ）　　awesome（すごい）　　wanton（ふしだらな）
eager（切望している）rugged（でこぼこの）　mordant（辛辣な）

(Huddleston and Pullum (2002: 1584))

同じことは後方の音節にアクセントが置かれる 2 音節の形容詞にもいえる。mature（成熟した）や polite（礼儀正しい）は屈折形が可能だが, secure（安全な）や replete（豊富な）では分析形だけが可能である。

　3 音節以上の形容詞では，普通分析形だけが可能である。例外は，屈折形をもつ 2 音節の形容詞に，接頭辞の un- がついた場合である。全体では 3 音節となるが，unhappy-unhappier-unhappiest と屈折形が可能である。

　以上，英語の屈折形態素のしくみをみてきた。ネイティブの感覚としては意識的に屈折の規則や例外を覚えているのではないだろう。これは，日本語話者が五段活用動詞や上一段活用動詞を意識的に覚えていないのと同じである。それでもできるだけ規則的になるよう大まかな方向性があるのは，ことばが本質的に効率よく機能するようにつくられているからだと考えられる。ネイティブはこれを自然と身につけているのだといえる。

4

屈折形態素各論
音編（屈折形態と音配列）

　本章では，単語の内部構造，とくに単語内の音の組み合わせに関する法則について みていくとともに，第 3 章でも取り上げた屈折形態素のうち，とくに音声面 で注意を要する語尾活用の -s と -ed を取り上げる。

　単語内の音の組み合わせと深いかかわりをもっているのは「音節（syllable）」と いう言語単位だ。この音節の特性をよく表しているのが，以下の英語母語話者を 対象とした概説書における記述である（Roach（2009: 56））。

> Most people seem to believe that, even if they cannot define what a syllable is, they can count how many syllables there are in a given word or sentence.
>
> （多くの人は，たとえ音節を定義できなくても，ある単語内もしくはセンテンス内に音節が いくつあるかを数えることはできると信じているようだ。）

英語を母語とする子どもでも，手をたたきながら，あるいは指を鳴らしながら pan-da（パンダ），can-dy（飴）という具合に，単語をいとも簡単に音節ごとに区切る ことができる。このように音節は子どもでも，その「正体」がどういったものな のかということを直感的に感じとることができるのだが，その「定義」ともなる と，実は英語を母語とする子どもはおろか，大人でさえも答えるのは難しく，困 惑する人も少なくないはずだ。つまり音節は，具体例をあげることはそれほど難 しいことではないが，その定義となるとちょっと厄介ということだ。そこで次節 では，まずこの音節の定義について少し詳しくみていくことにしよう。

4.1 　音　　　節

　音節はさまざまな言語現象を捉えるうえで重要な役割をはたしている。その証 拠に，第 3 章で取り上げた屈折形態素関連の原則のうち，音節が関与するものを

以下にざっとあげてみることにしよう。

- 語末子音文字が二重化されて綴られるのは，-ed や -ing がつく基体の最後の子音文字の直前に1文字で現れた母音の表示が先行し，かつ最後の**音節**にアクセントが置かれる場合である（3.1節参照，例：bátted / batting，occúrred / occurring）。
- **1音節**でできた単語の比較級と最上級は，普通，-er と -est を基体につける屈折形である（3.3節参照，例：big-bigger-biggest）。
- **2音節**の形容詞の比較級と最上級は，分析形が常に可能であるが（例：lively-more lively-most lively），基体の形容詞の前方の**音節**にアクセントがある場合，屈折形が使えることもある（3.3節参照，例：lívely-livelier-liveliest）。

さらに，以下の -y の綴りの原則も実は音節が関与している。

- -y で終わる名詞の複数形のつくり方は2通りある。それ自身で母音を表している場合，-y が -i となって -es をつけるが（例：lady-ladies），自身で母音を表していない場合は -y にそのまま -s をつける（3.2節参照，例：guy-guys）。

第3章の本文中の説明では音節という表現を用いなかったが，「自身が母音を表している」ということは，y の表す音が独立した「音節」を形成していることを意味する。すなわち，lady /lei-di:/ において y は2音節目の母音 /i:/ を表しているのに対し，guy /gaɪ/ においては，直前の /a/ 母音とともに二重母音を形成しており，自身が独立した**音節**を形成しているわけではないという解釈もできる。このように，屈折形態に関する上記4原則だけみても，それらの意味を正しく理解するためには，音節という概念がいかに重要かがわかるだろう。

　音節は，その構造面と機能面という2つの側面から定義づけることができる。まず構造面の定義については「母音が中心となり，前後の子音を従えた音の束」とまとめることができる。第2章でもみたとおり，母音は肺からの気流がほとんど阻害されることなく産出されるため，音のもつ本質的なパワーは大きい。逆に阻害の程度が大きくなればなるほどそれに比例して音のパワーは弱まることから，子音は母音よりも相対的にパワーが弱い。それぞれの音素は固有のパワーをもっており，各音のもつこのような固有のパワーを聞こえ度（sonority）という。音節とは一般的に聞こえ度の高い音群である母音が中心となり，より聞こえ度の低い子音を取り込んで1つのまとまりを形成しているものとして捉えることができる。

　この聞こえ度という尺度で音節の構造を捉えなおすと，音節とは母音を頂点とした「聞こえ度の山」と言い換えることができる（図 4.1）。つまり，どの言語も聞こえ度の配列に関する決まり（聞こえ度の法則）に基づき，原則として母音の前では聞こえ度の小さい子音から聞こえ度のより大きい子音が頂点の母音に向かってつながり，母音の後ろでは聞こえ度のより大きい子音からより小さい子音へとつながる。つまり，**母音から離れるに従い，聞こえ度は小さくなる**。

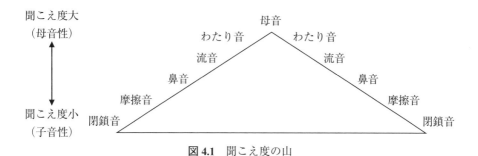

図 4.1　聞こえ度の山

　今，便宜的に音群ごとに聞こえ度を数値化し，そのスケールに基づいて plant /plænt/（植物）の音節構造を記述すると(1)のようになる[1]

(1)

(1)において，母音 /æ/ より前に位置する子音連鎖については，聞こえ度の小さい閉鎖音 /p/ の後ろに聞こえ度のより大きい流音 /l/ が続き，そのまま頂点となる母音へとつながるのに対し，母音の後ろの子音連鎖では聞こえ度のより大きい鼻音

---

1)　聞こえ度のスケール上の数値はそれぞれ次の各音群に対応している：無声閉鎖音＝1，有声閉鎖音＝2，無声摩擦音＝3，有声摩擦音＝4，鼻音＝5，流音＝6，わたり音＝7，母音＝8。

/n/ からより小さい閉鎖音 /t/ へと続く（スケール上の数字でいうと，閉鎖音 /p/ =
1 →流音 /l/ = 6 →母音 /æ/ = 8 →鼻音 /n/ = 5 →閉鎖音 /t/=1 という連鎖になる）。

　このように聞こえ度という基準を用いて分析をすると，聞こえ度の頂点（ピー
ク）の数が実は音節数と一致しているという関係にあることがわかる。英語を母
語とする子どもが音節の数に応じて手をたたくことができるのは，このような音
ごとの聞こえ度の違いを感じとることができるからであろう。手をたたいたり，
指を鳴らすのは，子音と母音によって形成される「聞こえ度の山」を認識してい
る証ともいえる。

　次に，音節の機能面についてみていくことにしよう。上述のとおり，英語にお
いては実にさまざまな音現象の記述や説明に音節という概念が深いかかわりをも
っている。単語を区切り，長さの単位として音節のはたす役目は大きいが，とり
わけ，アクセント付与に関する法則を記述するうえで重要である。たとえば，第
1 章でも取り上げた depolarization を例に形態とアクセントの関係に着目してみよ
う。

(2)　a.　　　　pól(e)　（名詞）

　　 b.　　　　pól(e)　　ar　　　　（形容詞）

　　 c.　　　　pól(e)　　ar　　 iz(e)　（動詞）

　　 d.　de　pól(e)　　ar　　 iz(e)　（de ＋動詞）

　　 e.　　　　pol(e)　　ar　　 iz(e)　átion　（名詞）

　　 f.　de　pol(e)　　ar　　 iz(e)　átion　（de ＋名詞）

　第 1 章のおさらいをここで簡単にしておくと，(2)は pol(e)という語幹を軸とし
て，さまざまな接辞が付加されるごとに品詞そしてそれにともない意味が変化し
ていくプロセスを示している。すなわち，pol(e)に接尾辞 ar がつくと形容詞 polar
となり（(2b)参照），polar にさらに接尾辞 ize がつくと動詞となる（(2c)参照）。
接尾辞が付加されれば，基体（つまりもとの単語）の意味や品詞を次々と変える
ことができるわけだが，だからといって接尾辞がどんな単語にも自由につくこと
ができるかというとそういうわけでもない。たとえば「pol(e)に直接 ize をつけて
*polize という動詞をつくりたい！」と思ったとしても，それは許されない。あ
くまでも polar あっての polarize ということだ（(2b)と(2c)参照）。同じことは接
頭辞にもいえる。de- は pole（名詞）や polar（形容詞）につくことはできないが，

polarize（動詞）や polarization（名詞）にならつくことができる（(2d)と(2f)参照）。つまり，接辞は手当たり次第にどんな「相手」にも自由につくわけではない。

次に(2)を音の特性の観点からみてみよう。接辞には，基体のアクセント位置をそのまま変えることなく保持するものと，もとのアクセント位置を変えるものとがある。(2a〜c)はいずれも接尾辞がついた後も，基体の pol(e)の/o/にアクセントが付与される。(2d)のように接頭辞の de をつけても，アクセント位置にはとくに影響はなく，/o/にアクセントがくる。これに対し，(2e)と(2f)においては，どちらも最後の「かたまり」である -ation の /a/ の位置にアクセントが「移動」している。同じ接尾辞なのに -ar や ize がつく時はアクセント位置に変化がなかったのに，-ation がつく時だけ変化している。しかもその移動先が /a/ の位置になるのはなぜだろう。アクセント位置を決定する際にその位置を定め，記述するうえで重要な役割をはたすのが上述の「かたまり」，すなわち音節という単位だ（接辞とアクセントの詳細は第6章で取り上げる）。このほか，音節は言語リズムを形成するうえでも重要な言語単位となり，これについては第10章でみていく。

4.2 英語の音節いろいろ

前節でみたように，音節は聞こえ度の山に基づいた内部構造を有している。必ず母音もしくは母音に準ずる要素が頂点（ピーク）にあるという共通性はどの言語にもみられる。一方，そのピークを取り巻く音素の組み合わせなど細部においては言語ごとの特性がみられる。以下，英語における音素の組み合わせについて詳しくみていくことにしよう。

英語の音節を考えるうえでまず確認しておきたいのは英語における音素，つまり子音と母音の種類である。(3)に英語の 24 の子音，(4)には単母音，二重母音をあわせた英語の 17 の母音をまとめておく（Hammond（1999: 2-3）を一部改変）。

(3) 閉鎖音　　[p] [b]　[t] [d]　[k] [g]
　　摩擦音　　[f] [v]　[θ] [ð]　[s] [z]　[ʃ] [ʒ] [h]
　　破擦音　　[ʧ] [ʤ]
　　鼻音　　　[m] [n] [ŋ]
　　流音　　　[l] [r]
　　わたり音　[w] [j]

(4) 単母音

　　高舌母音　［iː］　［ɪ］　［uː］　［ʊ］
　　中舌母音　［e］　［ɛ］　［o］　［ə］
　　低舌母音　［ʌ］　［æ］　［ɔː］　［ɑː］
　　二重母音　［aʊ］　［aɪ］　［ɔɪ］　［eɪ］　［oʊ］

上記 (3) と (4) に示した子音と母音を組み合わせることで音節が形成されるが，子音と母音の組み合わせ方は英語の場合，以下の表 4.1 に示すような 18 種類がある（C は子音，V は母音を意味する）。

表 4.1　英語の音節

1. V (V) eye /aɪ/，（イギリス英語）are /ɑː/	10. CCCVC stream /striːm/
2. VC egg /ɛg/	11. CVCC fact /fækt/
3. CV key /kiː/	12. CVCCC next /nɛkst/
4. CCV tree /triː/	13. CVCCCC texts /tɛksts/
5. CCCV straw /strɔː/	14. CCVCC stand /stænd/
6. VCC act /ækt/	15. CCVCCC prompt /prɑmpt/
7. VCCC asks /æsks/	16. CCCVCC script /skrɪpt/
8. CVC bat /bæt/	17. CCCVCCC scramble /skræmbl/
9. CCVC skill /skɪl/	18. CCCVCCCC strengths /strɛŋgθs/

まず，英語の音節の中には母音が単独で現れるものがある（表 4.1 の 1 参照）。具体例としては eye /aɪ/ のほか，アルファベットの文字の呼び名である E（/iː/）や O（/oʊ/），あるいはイギリス英語の are /ɑː/ や or /ɔː/ などがあげられる。こうした単独母音からなる音節を最小音節（minimum syllable）という。

　次に，音節の中には，母音の前に子音が単独で（表 4.1 の 3，8，11〜13 参照）もしくは子音連鎖として（表 4.1 の 4，5，9，10，14〜18 参照）現れるものがある。この母音の前の子音もしくは子音連鎖をオンセット（onset）もしくは出だし部という。さらに，音節によっては，母音の前ではなく，その後ろに子音が単独で（表 4.1 の 2，8〜10 参照）もしくは子音連鎖として（表 4.1 の 6，7，11〜18）現れるものがある。この母音の後ろにある子音もしくは子音連鎖はコーダ（coda）または終結部という。

　ここでおさえておきたいことは，単独母音からなる V (V)（表 4.1 の 1 参照）音

節も，オンセットとコーダそれぞれに子音連鎖を含む CCCVCCCC 音節（表4.1 の
18 参照）も，核となる母音をそれぞれ 1 つ含んでいるので，どちらも同じ「1 音
節」であるという点である。つまり，(5) の例が示すように，母音の前後のオンセ
ットとコーダの子音の数は音節数にはまったく影響がなく，核となる母音が音節
において中心的な役割をはたしているということだ。

(5)

	←オンセット→	←核（母音）→	←コーダ→
eye /aɪ/		aɪ	
bat /bæt/	b	æ	t
skill /skɪl/	sk	ɪ	l
fact /fækt/	f	æ	kt
strengths /strɛŋɡθs/	str	ɛ	ŋɡθs

　音節を理解するということは，表4.1 の音節の種類を知ることであるとともに，
それぞれの種類においてどういった音素の組み合わせが許されるのかということ
を知ることでもある。とくにオンセットやコーダに現れる子音は自由に組み合わ
せることはできない。こうした特定言語における音素の組み合わせの法則は音素
配列（phonotactics）とよばれる。

　以下，音節のオンセット（出だし部）とコーダ（終結部）における音連鎖の法
則について詳しくみていくことにしよう。

4.3　英語のオンセットの音連鎖

　まずはオンセットの法則を取り上げてみる。話があまり複雑にならないよう，
ここでは単音節語を用いて解説をしていく。

　オンセットの位置に子音がなく，音節がいきなり母音ではじまる時（表4.1 の
1, 2, 6, 7），この音節をゼロオンセット（zero onset）という。

　子音が単独でオンセットに現れる時，上記(3)の子音群のいずれもがその位置に
現れることができるが，/ʒ/, /ŋ/ は genre /ʒɑːnrə/（ジャンル）や Nganhwei /ŋɑːnhweɪ/
（安徽
　あんき
［中国の地名］）など一部の外来語や固有名詞を除いて語頭の位置にくるこ
とは稀である。

　次に，出だしの子音が 2 つ現れるケースを取り上げよう。2 つもしくはそれ以

上の子音連鎖がオンセットの位置に現れる時，これらを子音連鎖（consonant cluster）とよぶ。語頭が2つの子音ではじまる場合（例：**pl**ay, **tr**ip），通常，子音連鎖の第1要素は /p, t, k, b, d, g, f, θ, s, ʃ, h, v, m, n, l/ の15種類，つまり英語の子音はほとんどが現れることができる。これに対し，第2要素に現れることができる子音はぐんと数が少なくなり，/l/, /r/, /w/, /j/ の4子音のみである。さらに，この4つの子音が先にあげた15子音と自由に組み合わさるかというと実はそういうわけでもない。/k/ のように4つの子音すべてと連鎖を形成することができるものもあれば（例：clasp /klæsp/, cram /kræm/, quick /kwɪk/, cure /kjʊr/），/m/ のように /j/ としか連鎖を形成できないものもある（例：mute /mjuːt/）。子音連鎖の組み合わせについては表4.2にまとめたとおりである。

表4.2　英語で許容される子音連鎖（Roach（2009: 58）を一部改変）

第2要素＼第1要素	p	t	k	b	d	g	f	θ	s	ʃ[2)
l	play	–	clasp	black	–	glue	fly	–	slip	–
r	pray	tray	cram	bring	drip	grin	fry	throw	Sri Lanka	shrew
w	–	twin	quick	–	dwarf	Gwen	–	thwart	swim	schwa
j	pure	tune	cure	beauty	due	gules	few	thew	sue	–

英語の子音の中で音素配列の観点から一番の「異端児」といえば /s/ だ。上述のとおり，一般的にオンセットの第2要素の位置には /l/, /r/, /w/, /j/ の4子音のいずれかが現れるのだが，/s/ のみこの4子音に加えて /p, t, k, f, m, n/ とも共起することができる（例：spin /spɪn/, stick /stɪk/, skin /skɪn/, sphere /sfɪɚ/, smell /smɛl/, snow /snoʊ/）。さらに特徴的なのが，表4.3の splash, string などの例にみられるように，/s/ のみ語頭位置の3子音連鎖を形成することができるという点だ（つまり /s/ + {p, t, k} + {l, r, w, j} の連鎖が許容される）。

---

2)　第1要素が /h/, /v/, /m/, /n/, /l/ の時，第2要素に許される子音は /j/ のみである（例：huge /hjuːʒ/, view /vjuː/, muse /mjuːz/, news /njuːz/, lute /ljuːt/）。

表 4.3 英語で許容される 3 子音連鎖（Roach（2009: 57）を一部改変）

		l	r	w	j
s	p	splash	spray	−	spew
	t		string	−	stew
	k	sclerosis	screen	squeak	skewer

このように，/s/ はほかの子音とは違う，特別な振る舞い方をするのだが，上記 2 点に加え，/s/ は聞こえ度の法則にかんしても唯一例外的である。聞こえ度のスケールに基づいて spin を分析すると(6)のようになる。

(6)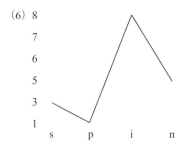

本来，オンセットの子音は，聞こえ度の小さい子音に聞こえ度のより大きい子音が後続し，頂点の母音に向かって連なるはずだ（cf(1)）。しかし，(6)の母音 /i/ の前の s–p の連鎖においては，聞こえ度のより大きな無声摩擦音/s/の後ろに，聞こえ度のより小さい無声閉鎖音 /p/ が続いており，この部分のみ聞こえ度の法則に則っていない音連鎖となっている。聞こえ度の「山型」に反する音素配列を認めるのは英語では /s/ のみであり，このような観点からも /s/ はかなり特異な存在といえる。

　以上のように，オンセットにおいては，子音の組み合わせに一定の制約があり，それぞれの子音が互いに自由気ままに共起することはできない。原則として /s/ を除き，すべて聞こえ度の山型にならって配置されている。

　次節では，コーダの子音の音連鎖についてみていく。

4.4　英語のコーダの音連鎖

　前節のオンセットの場合と同様に，本節でも単音節語を例としながらコーダの
音連鎖を取り上げていく。

　コーダの位置においても，子音がない場合はゼロコーダ（zero coda，つまり子
音のないコーダ）という。語末が単独子音の場合，/h, w, j/ を除いて（3）にあげた英
語の子音すべてが現れることができる（例：lip, bib, lit, lid, lick, big, leaf, leave,
bath, bathe, miss, biz, fish, rouge, church, badge, dim, din, ding, ball, bar）。ただ
し，/r/ 音については方言によって語末の位置では発音されない場合もあるので，
ちょっと注意が必要である（たとえば，米国の多くの方言やスコットランド，ア
イルランドにおいては，car は /kɑːr/ と綴りのとおり語末の /r/ を発音するが，英
国の多くの地域やオーストラリア，ニュージーランドでは語末の /r/ が発音され
ず，同じ単語を /kɑː/ と発音する）[3]。

　語頭の位置では，前節でみたとおり，最大3子音までの連鎖が許容されるのに
対し，語末の位置では，最大4子音までの連鎖が許される。

（7）語末の2子音連鎖

　　a. /m, n, ŋ, l, s/ + /p, t, k, b, d, g, f, θ, s, ʃ, v, ð, z, ʒ, ʧ, ʤ, m, n, ŋ, l, r/
　　　（例：trump, lend, sings, bolt, hassle）
　　b. /p, t, k, b, d, g, f, θ, s, ʃ, v, ð, z, ʒ, ʧ, ʤ, m, n, ŋ, l, r/ + /s, z, t, d, θ/
　　　（例：cats, dogs, backed, bagged, tenth）

まず2子音連鎖については，2つのパターンが存在する。1つ目は（7a）が示すよう
に，/h, w, j/ を除く21子音（/p, t, k, b, d, g, f, θ, s, ʃ, v, ð, z, ʒ, ʧ, ʤ, m, n, ŋ, l, r/）のい
ずれかが /m, n, ŋ, l, s/ の5子音に後続するパターンで，2つ目は（7b）が示すように，
この21子音が /s, z, t, d, θ/ の5子音に先行するパターンである。なお, axe /æks/ や

---

3)　/r/ を発音するような方言をロウティック（rhotic），発音しない方言をノンロウティック（non-rhotic）
　　という。概説書の中には，アメリカ英語はロウティック，イギリス英語はノンロウティックという具
　　合に，あたかも明確な区別が両者間にあるかのように記述しているものもあるが，実際のところはア
　　メリカ英語も地域によっては /r/ を発音しなかったり，逆に，英国でも地域によって /r/ を発音したり
　　することもある。したがって，両者間には発音する，しないといった明確な区別があるというよりも，
　　どちらの傾向がより強いかという捉え方をしたほうがより事実に即しているといえよう。

waist /wéɪst/ など一部の例外を除き，語末の /s, z, t, d, θ/ は同じ単語の一部というよりは，動詞の過去形と過去分詞の -ed，複数や三人称単数現在の -s など，別の形態を表す音であることが多い（詳細は 4.5 節参照）。

　次に，コーダの位置における 3 子音連鎖については，以下の(8)のようにまとめることができる。

　(8) 語末の 3 子音連鎖
　　　a. /m, n, ŋ, l, s/ + 子音 + /s, z, t, d, θ/　（例：bumps, ranked, twelfth）
　　　b. 子音 + /s, z, t, d, θ/ + /s, z, t, d, θ/　（例：next, fifths）

(8a)では，/m, n, ŋ, l, s/ の 5 子音に任意の子音が続き，さらに /s, z, t, d, θ/ のいずれかが続くが，2 子音連鎖の場合同様，最後の /s, z, t, d, θ/ は同じ単語の一部というよりは，別の形態を表す音であることが多い。(8b)の場合は，任意の子音の後ろに /s, z, t, d, θ/ のいずれかが 2 回連続で出現するが，/s/ + /s/ や /d/ + /d/ といった同一音の連鎖を認めず，その組み合わせについてはかなり限定される。

　最後に，コーダの 4 子音連鎖のほとんどは，以下の(9)にまとめた音配列となる。ここでも /m, n, ŋ, l, s/ の 5 子音のいずれかに任意の子音が続き，さらに /s, z, t, d, θ/ のいずれかが 2 回連続で出現する。

　(9) /m, n, ŋ, l, s/ + 子音 + /s, z, t, d, θ/ + /s, z, t, d, θ/　（例：twelfths, prompts）

数は少ないものの，(9)以外の組み合わせでは，/s, z, t, d, θ/ が 3 回連続で出現する「子音 + /s, z, t, d, θ/ + /s, z, t, d, θ/ + /s, z, t, d, θ/」の連鎖も許容される（例：sixths, texts）。

　以上，英語の音節に関する音配列は，以下の(10)のようにまとめることができる。

　(10)　←───オンセット───→　←───核───→　←─────コーダ─────→
　　　　　　/s/　　C1　　C2　　　　　　V　　　　　C3　　C4　　C5　　C6

まず音節は大きく分けて，オンセットと核，そしてコーダの 3 つのパーツから構成される。オンセットは最大 3 子音（s + C1 + C2）を許容するが，3 子音連鎖の出だし音は必ず /s/ でなければならない（例：spr-, spl-）。次に核(V)については，これまでみてきたとおり，一般的に母音が現れることが多い。ただし，一部の子音

群は母音同様に聞こえ度の高いものもあり，このような子音は自身のみで音節を形成する資格を有す（例：button /bʌtn̩/ と bottle /bɑtl̩/ の /n/ や /l/）。このように母音と同じように音節の核となりうる子音を成節子音（syllabic consonants）とよぶ。最後に，コーダでは最大 4 子音連鎖が認められており（C3 ＋ C4 ＋ C5 ＋ C6），とりわけ中心的な役割をはたすのが /s, z, t, d, θ/ の 5 音素である。これら 5 音素を繰り返し組み合わせる，あるいはほかの子音と連結させることでコーダにおける子音連鎖が生み出される。

　なお，英語をはじめとした多くの言語では，音節内のオンセットと核（母音）の関係よりも，核とその後ろのコーダとの関係のほうが密接である。つまり，表面的には「子音＋母音＋子音」がただ単純に連なっているようにみえるが，母音はその直前に位置する子音とよりも，後続する子音との関係がより密であるということだ。この関係性がよく読み取れるのが「マザーグース」などに代表されるナーサリーライム（nursery rhyme）だ。

　ナーサリーライムとはライム構造（すなわち上述の核とコーダからなる言語単位）が同じ形をした単語同士を歌詞に盛り込んで韻を踏ませる，まさに「ライム」が主役となるわらべ歌のことをいう。ナーサリーライムはこのように押韻詩としての側面が強いが，押韻（すなわち韻を踏む）ということは，ライム内の音連鎖が一致していることを意味している[4]。たとえば，以下 (11) のナーサリーライムの例に注目してほしい。

（11）　Hickory, dickory <u>dock</u>
　　　　The mouse ran up the <u>clock</u>.

各行末の dock /dɑːk/ と clock /klɑːk/ は，母音とその後ろに続くコーダ子音（この場合 /ɑːk/）が一致して韻を踏んでいるのに対し，オンセットの /d/ と /kl/ は一致しておらず，これらの子音もしくは子音連鎖は韻を踏むことにまったく関与していない。

　以上のことを踏まえると音節の内部構造には (12) に示すような階層がオンセットと核とコーダ間に存在していると考えられる。

4）　ライムは音節の「脚」，つまり核およびその右側の子音部分を指し示すことから，この位置で韻を踏むことを「脚韻」という。

（12）

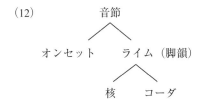

核とコーダの関係は，人間でたとえるならば兄弟（姉妹）の関係にあり，親であるライムからそれぞれ枝分かれしている。これに対し，オンセットはライムと兄弟（姉妹）関係にあり，核およびコーダからするとおじさんやおばさんに相当する存在である。前述のとおり，表面的には一見すると単に子音と母音の連鎖にしかみえないのだが，内部構造に着目してみると，実はおじさん（あるいはおばさん）であるオンセットが姪や甥にあたる核とコーダの兄弟（姉妹）を従えているようなものだ。(12)のような音節構造を想定することで，音同士に存在する関係性の度合いの違いを構造のうえで示すことができる。その結果，押韻をはじめ，さまざまな音現象を正しく記述することが可能となる。

　一般的に韻を踏むといった場合，想定されるのはライム構造の共通性であるが，実はオンセットの位置でも韻を踏むことができる[5]。Charlie Chaplin, Marilyn Monroe, King Kong, Pink Panther, Dunkin' Donuts, KitKat など，実に多くの有名人やキャラクターそしてヒット商品名にこの技法が用いられているのは単なる偶然とは言いがたい。その人気は，語頭の音を揃えることで生まれるリズム感や言いやすさに起因するといっても過言ではないだろう。

　これまでの音節の説明は単音節語のみを例としてきたが，多音節語の場合でも，当然のことながら，それぞれの音節は上述の法則に従うことになる。ただし，単音節語とは異なり，多音節語の場合，第2音節以降について，どこからどこまでを「1音節」としてみなすのかという問題がある。たとえば，plant などの単音節語の場合は，語頭の pl がオンセットで語末の nt がコーダであることは明白なのだが，construct など複数の音節からなる単語においては，第1音節と第2音節の切れ目が constr-uct, co-nstruct, con-struct など，少なくとも3種類の可能性がある。このように，単語内の音節の切れ目は時として曖昧なことがあり，語中の子音も

---

[5]　音節の「頭」に相当するオンセット構造が共通することで「韻」を踏むことから頭韻 (alliteration) という。

しくは子音連鎖が前の音節のコーダなのか，それとも次に続く音節のオンセットなのか，その見極めが難しい。語中の「切れ目」がわからないと，たとえば単語内のハイフンを挿入する位置がわからないなど，なにかと不便である。

　こうした語中の音節の切れ目の決め方についてはいろいろな考え方があるが，もっとも代表的なのは，右側の要素（つまり後続音節のオンセット）の子音数が多くなるように切れ目を設けるというオンセット最大原則（maximal onset principle）に従って決定するやり方である。(13)の図でいうと，語中の子音連鎖の切れ目を設ける際には，可能な限り音節1のライム内の子音の数を少なくし，音節2のオンセット内の子音が多くなるように決定する。ただし，オンセットの子音もしくは子音連鎖は既存語の語頭の位置に実在するものでなければならないという条件がつくことに注意しよう。

（13）

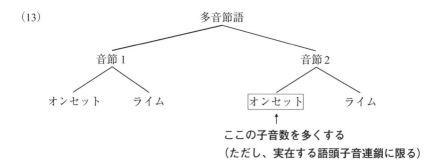

では，具体例を使ってみてみよう。

（14） a. constr-uct

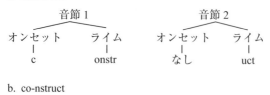

　　　 b. co-nstruct

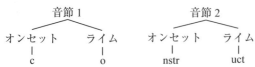

c. con-struct

先の construct の例に基づいて説明してみよう。まずオンセット最大原則は右側の要素の子音数が多くなるように切れ目を設けるということなので，（14a）のように第 1 音節のコーダにすべての子音を組み込んだものはこの原則に反することになる。続いて（14b）と（14c）を比べると，（14b）のほうが（14c）よりも第 2 音節のオンセット内の子音の数が多い。しかし，英語の語頭位置に nstr という子音連鎖は認められない。この点，（15c）の con-struct では，第 2 音節のオンセット内の子音の数を最大限に確保しつつ（str の 3 音），なおかつ，str- は straw, string など既存語の子音連鎖としても認められている。ゆえに，（14c）が音節の切れ目として一番ふさわしい構造を表していることになる。

4.5 屈折形態の音特徴

第 3 章の(1)でみたとおり，英語には 7 種の屈折形態がある（動詞の 4 種（過去（-ed），三人称単数現在（-s），進行相（-ing），完了相（-en）），名詞の 1 種（複数（-s）），形容詞の 2 種（比較（-er），最上（-est））。これにさらに属格（'s）を加えると，代表的な活用語尾は計 8 種となる。このうち，とくに発音の観点から重要なのは，-s（三人称単数現在，複数，属格）と -ed（過去）である。以下この 2 つに焦点を当てながら屈折形態の音特徴を取り上げていく。

4.5.1 三人称単数現在と複数，そして属格の {-s}

まず屈折形態の -s（三人称単数現在，複数，属格）の発音に関しては，表 4.4 にあるような 3 パターンが観察される。

表4.4　屈折形態 -s の発音パターン（Celce-Murcia et al.（2010）に基づく）

	a.　[s]	b.　[z]	c.　[iz] [əz]
三人称単数	hits, makes	rubs, sees	buzzes, pushes
複数	cups, lakes	radios, toys	buses, churches
属格	Mike's, Mr. White's	Mary's, Marvin's	Dr. Range's, Mrs. Rouge's,

ここでは，ひとまず三人称単数 -s に着目してみることにする。2.3 節で扱った基底表示と表層表示の関係で捉えるならば，(15)のようにまとめることができる。

(15) 基底表示（＝脳内の「音」）― 表層表示（＝実際に観察される「音」）

$$\{\text{-s}\} = /\text{s}/ \quad \begin{cases} [\text{s}]（例：hits, makes） \\ [\text{z}]（例：rubs, stands） \\ [\text{ız}]（例：buzzes, pushes） \end{cases}$$

表層表示では［s］と［z］そして［ız］という 3 種の発音が観察されるが，いずれも抽象的な基底表示では同じ /s/ として認識される。では，表層表示でなぜ違いが生じるかというと，基体の語末音に応じて /s/ が姿を変えるからだ。すなわち，hit /hɪt/ や make /meɪk/ などのように，基体の語末音が無声子音（/p, t, k, θ, f/）の時には無声の［s］が現れる。ところが，基体の語末音が see /siː/ のような母音（母音は原則すべて有声）もしくは rub /rʌb/ のような有声子音（/b, d, g, ð, v, z, n, m, ŋ, r, l/）の時は有声の［z］が現れる。どちらの場合も，基体の語末音を発音する時の声帯の状態（つまり有声音か無声音をつくり出す状態）が同じになるように /s/ を発音する。さらに，buzz /bʌz/ や push /puʃ/ の語末音に代表されるように，/s/ および /s/ の仲間である /z, ʃ, ʒ, ʧ, ʤ/[6]のいずれかが基体の語末位置を占める場合，母音が挿入されたうえで［z］の発音となる。この場合，基体の語末の音が無声音であろうと有声音であろうと，一律に［iz］もしくは［əz］と発音される。

　なぜ母音が挿入されるのだろう。試しに maze /meɪz/（迷路）の複数形を，母音を挟まずに発音してみよう。母音を挟まずに発音してみると，［meɪz］＋［z］となり，単数形［meɪz］とほぼ同じ発音になってしまうことに気づくはずだ。つまり，基体の最後の音が /s/ および /s/ の仲間である場合，そのまま［s］もしくは［z］が続い

---

6)　歯の裏に肺からの気流を当てて発音する /s, z, ʃ, ʒ, ʧ, ʤ/ を歯擦音（sibilants）という。

たのでは，音が類似しているため，-s の存在がかすんでしまうことになる。そこ
で，単数形と複数形の区別を発音上明確にするためには，類似した 2 つの音素の
間に母音を挿入し，融合が起こりにくいようにする必要がある（つまり［meɪzɪz]）。

以上，屈折形態 -s（三人称単数，複数，属格）の発音については，(16)のよう
にまとめることができる。

(16) a. 名詞もしくは動詞語幹が /s/ /ʃ/ /ʧ/以外の無声子音で終わる時，[s] と発音する。
  b. 名詞もしくは動詞語幹が母音または /z/ /ʒ/ /ʤ/ 以外の有声子音で終わる時，
    [z] と発音する。
  c. 名詞もしくは動詞語幹が /s/ /z/ /ʃ/ /ʒ/ /ʧ/ /ʤ/ のいずれかの音で終わる時，[ɪz]
    または [əz] と発音する。

なお，三人称単数の -s と，複数や属格の -s はともに基底表示では同じ /s/ とい
う音をもつが，後者の -s の音は表層表示では保持されやすいのに対し，前者の -s
は削除されやすい傾向にあるといわれている。これはおそらく三人称単数の -s の
担う情報は，すでに主語となる名詞のほうにも含まれているのに対し，残り 2 つ
の -s の担う情報は，ほかの要素には含まれないことが多いことに起因していると
解釈できる。つまり，三人称単数の -s は発音しなくてもコミュニケーション上支
障をきたすことはないという「安心感」がネイティブにはあり，無意識のうちに
削除されるのかもしれない。

4.5.2 過去形（過去分詞）の屈折形態 {-ed}

過去形と過去分詞の屈折形態 -ed の発音についても，原理そのものは前節の -s
と同じで，語幹（もしくは基体）の語末音が /t/ を除いた無声子音（/p, k, θ, f, s, ʃ,
ʧ/）の場合，[t] として発音される（例：kicked [kt], washed [ʃt], laughed [ft]）。も
し語幹（や基体）の語末音が母音もしくは /d/ を除いた有声子音（b, g, ð, v, z, ʒ, ʤ,
n, m, ŋ, r, l）の場合は [d] 音として発音される（例：robbed [bd], showed [oʊd],
saved [vd], planned [nd]）。さらに，語幹（や基体）の語末音が /t/ もしくは /d/ の
場合は [ɪd] [əd] と発音される（例：invited [tɪd], ended [dɪd]）。関与する音その
ものは異なるものの，背後ではたらいている原理は先の -s と同じで，語末の無声
音には無声の [t]，有声音には有声の [d]，さらには，語末が /t/ や /d/ の際には，
-ed の存在を際立たせるために，母音を挿入して [ɪd] や [əd] と発音する。

　動詞の過去形（過去分詞）-ed は派生的に形容詞として機能することがある。発音に関する法則は動詞とほとんど同じなのだが，形容詞の中には一部語幹（や基体）の語末音が /t/ や /d/ でない時でも母音を挿入して発音するものもある（例：the wicked [wɪkɪd] witch（意地悪な魔女），a three-legged [lɛgɪd] chair（三脚椅子））。さらに，learned など一部の単語は，意味によって母音を挿入しないで [lənd] と発音する場合もあれば，母音を挿入して [lənɪd] と発音する場合もある。母音を挿入した場合は「博学な，学術的な」の意味となり（例：a learned man（学者）），母音を挿入しない場合の意味は「学習によって得られた」となる（例：a learned behavior（学習行動））。

4.5.3　例外的な屈折形態

　屈折形態 -s はほとんどのものが(16)の法則に従うが，若干の例外が存在する。たとえば，mouth（口），wreath（花の冠）の語末子音は，単数形の場合は無声の [θ] が現れるので，本来であれば(16a)に従って，それぞれ [maʊθs]，[riːθs] と発音されるはずだ。しかし実際は，複数形の場合，語幹（や基体）の語末子音がなぜか有声音化し，[maʊðz]，[riːðz] とそれぞれ発音される。このような有声化が観察されるのは基体の語末の th の直前に二重母音（/aʊ/）や長母音（/iː/）がある時だ。

　同様に house においても，単数形の無声音 [s] が複数形では有声化する（house [haʊs̱] → houses [haʊẕɪz]）。類似した形をもつ louse や mouse の複数形は 3.2 節でもみたとおり，それぞれ lice, mice となる。ただし，コンピュータのマウスの複数形 mouses は原則のとおり /máʊsɪz/ と発音され，/máʊzɪz/ とはならないので，単数形の無声音が複数形で有声化するのは house に限った現象といえる。

(17) a. 有声化が義務的なもの
　　　　単数　　　　　　複数
　　　　knife /naɪf/ ＞ knives /naɪvz/（*/naɪfs/）
　　　　その他の例：calf, leaf, self, wife
　　 b. 有声化が随意的なもの
　　　　単数　　　　　　複数
　　　　hoof 　　　　　 hoofs /huːfs/ でも hooves /huːvz/ でもよい

　最後に，これまでみてきた例はいずれも綴りの変化はせず，発音だけが基体とは異なるわけだが，中には音の変化が綴りに影響を及ぼすものもある。たとえば，

末尾の子音の発音が /f/ の場合，上記(16)に則って規則的に複数形を形成するもの
もあるが（例：chief ＞ chiefs），中には語末子音が有声化し，それにともない綴り
も f から v へと変化するものがある。この変化はさらに必ず有声化が起こる「義
務的」なもの(17a)と，有声化が起きたり起きなかったりする「随意的」なもの
(17b)とに分類される。

5

派生形態素各論：形態編

この章では派生形態素とそれに関係する語法や使い分けの中から，日本人英語学習者に役立ちそうな，また日本の英語文法書では普通扱っていないようなネイティブの感覚をよく反映している部分を拾い上げていく。

副詞の形態と意味

はじめは副詞を取り上げていこう。副詞の形態を形容詞との関係から整理してみると，以下の(1)～(4)のようなグループに分けることができる。

(1) 形容詞 + ly で副詞となる（大部分はこの型）：quick（早い）-quickly（早く）
(2) 形容詞に由来しない副詞：quite（まったく），rather（どちらかといえば）
(3) 形容詞と副詞が同型のもの：early（早い，早く），likely（ありそうな，ありそうだ）
(4) (1)と(3)の融合型（つまり，-ly をつけた形，形容詞と同型の形の両方を副詞として用いることができる）：drive slow / drive slowly（ゆっくり運転する）

英語の副詞の大部分は(1)のように，形容詞に派生形態素である -ly をつけることによってつくられる。quick-quickly, careful-carefully などたくさんの形容詞-副詞のペアがこの種類に属する。形容詞に -ly をつけることによってつくられるこの種の副詞の場合，形容詞に -ly をつけず，そのままの形で副詞として用いることはできない。

(5) a. a rapid care　（緊急処置）［形容詞］
　　 b. drive {rapidly / *rapid}　（高速で運転する）［副詞］　　（Quirk et al. (1985: 405)）

(2)のように形容詞から派生するのではなく，単独で副詞として存在するものもあるが，その数は多くない。here, quite, rather, soon, too, well などが代表例であ

る。

　(3)のように -ly の形が形容詞と副詞の両方を兼ねる場合もある。(6)に具体例をあげておく。

(6)　形容詞　　　　　　　　　副詞

　　　an early train　　　　　We finished early today.
　　　（早朝便）　　　　　　　（今日は早く終わった。）

　　　A likely story!　　　　　He'll very / most likely succeed.
　　　（ありがちな話だな。）　（彼は成功しそうだ。）

　　　a monthly visit　　　　　She visited him monthly.
　　　（月に一度の訪問）　　　（彼女は彼を月に一度訪れる。）　　（Quirk et al.（1985: 407））

　形容詞形がもともと -ly で終わる形をしていて，なおかつこれを(6)の例のようにそのまま副詞として用いることができないような場合，(1)の原則にそのまま従うのであれば，形容詞の語尾の -ly にさらに副詞の派生形態素 -ly をつけることになる。たとえば，-ly で終わる形容詞の例として friendly（親しみやすい），grisly（身の毛もよだつ），kindly（親切な），lively（活発な），manly（男らしい），masterly（見事な）などがある。これらを副詞的に用いる場合，規則上は -ly が重なった形である -lyly にする必要がある (-lyly はさらに形態的な規則により y を i に変えて -lily と綴られる)。しかしこの -lily というややぎこちない二重の形態を避けるため，通常は(7)にあるような -ly 形の形容詞を用いた副詞表現や名詞表現で代用させる。

(7)　a. She smiled in a friendly way.　（彼女は愛想よく微笑んだ。）
　　　b. He gave me a silly laugh.　（彼は私に向かって馬鹿みたいに笑った。）
　　　　　　　　　　　　　　　　　　　（Quirk et al.（1985: 407），Swan（2005: 24））

(7a)の in a friendly way は，全体で smiled を修飾する副詞句である。way を修飾する形容詞として friendly を使うことで friendlily というぎこちない形の使用が避けられる。(7b)でも同じように形容詞 silly を名詞句の中で使うことで，sillily という単語の使用が避けられる。

　(4)は，形容詞と同型のままでも，また副詞の派生形態素 -ly がついた形でも用いることができるタイプである。(8)がその具体例である。

(8) a. a slow car　（走る速度が遅い車）［形容詞］

   b. drive {slow / slowly}　（ゆっくりと運転する）［副詞］

                      （Quirk et al.（1985: 405），Leech and Svartvik（2003: 237））

形容詞と同型の副詞を使う場合には少し注意が必要だ。まず，形容詞と同じ形の
まま副詞として用いると，-ly をともなった形よりもややくだけたニュアンスとな
る。また，形容詞と同型の副詞は文中の限られた位置で使用され，通常は動詞の
直後以外の場所では使いにくい傾向にある。(8a) のように drive という動詞の直後
の位置であれば，slow, slowly のどちらも用いることが可能だが，(9) にあるよう
な位置の場合，-ly をともなった形のみ用いることができる。

(9) a. He {slowly / *slow} drove the car into the garage.

   b. He drove the car {slowly / ?*slow} into the garage.

    （彼はゆっくりと車を車庫に入れた。）　　　　　　　　　　（Quirk et al.（1985: 405））

(9a) では slow / slowly が動詞に先行し，(9b) では slow / slowly が目的語に後続する
位置に現れている。これらの位置では形容詞と同型の slow を使うことはできな
い。

　通常，形容詞と同型では副詞として用いることができないような単語が，比較
級や最上級にすると副詞的に使える場合がある。

(10) a. ?1)Speak clear.

    （わかりやすく話してください。）

   b. Speak clearer（more clearly）.

    （もう少しわかりやすく話してください。）

   c. The newsreader speaks clearest of all（most clearly）.

    （そのキャスターがもっとも明瞭に話をする。）　　　　（Quirk et al.（1985: 406））

(10a) では副詞として clear を使おうとしている。これは非標準的な表現である。
しかし，(10b) の比較級 clearer や (10c) の最上級 clearest はどちらも標準英語として
使うことができる。

　2 つの単語を and で連結することでも形容詞を副詞として使うことができる。

---

1)　「?」は文法的に（正しくないわけではないが）ちょっと変な文を意味する。「目次」下の凡例を参照
のこと。

(11) a. lose <u>fair and square</u>　（正々堂々と戦って負ける）

　　　b. be tangled up <u>good and proper</u>　（完全にこんがらがっている）

(Quirk et al. (1985: 406))

通常，(11)の下線部の形容詞はそのままの形で副詞として使うことはできない（たとえば，*lose fair とはいえない）。しかし，(11)のように and でつなぐとペアで副詞として使うことが可能になる。

　以上の例は，形容詞と同型の副詞が動詞を修飾する例であった。これに加え，アメリカ英語では副詞の really の代わりに形容詞の real を用いる場合がある。ただし，こうした副詞的 real の使用は形容詞を修飾する場合に限定されており，動詞を修飾する場合に用いることはできない。(12a)では real が後続する補語としての形容詞 good を副詞的に修飾している。

(12) a. It came out <u>real</u> good.

　　　　（まったくうまくいった。）

　　　b. It would have been <u>real</u> bad news.

　　　　（それは本当に悪い知らせだったかもしれない。）

　　　c. I have a <u>really</u> good video with a <u>real</u> good soundtrack.

　　　　（本当にすばらしい音響効果がある，本当にすばらしいビデオを持っています。）

(Biber et al. (1999: 196))

さらに，副詞的 real は，くだけた口語表現において(12b)のように名詞を修飾する形容詞につけて用いることもできる。(12c)の例は，同じ話者が同じ文の中で形容詞 good を修飾する副詞として really と real の両方を使っている。本来，両者ともに really であるべきだが，こうした「逸脱した形」にもネイティブの感覚が潜んでいるといえよう。

5.2　名　詞　化

　英語では文で表されている内容を名詞化（nominalization）によって表すことも可能である。たとえば，動詞 refuses を使った(13a)と，refuses を名詞化した refusal を使った(13b)はほぼ同じ意味を表している。

(13) a. He *refuses* to help.　　　　　　（彼は助けようとしない。）

　　　b. his **refusal** to help　［名詞化］　（彼が助けようとしないこと）

(14) a. Her statement *is true*.　　　　　（彼女の発言は正しい。）

　　　b. the **truth** of her statement　［名詞化］　（彼女の発言の正しさ）

(15) a. She *was a friend* of Chopin.　　　（彼女はショパンの友人だった。）

　　　b. her **friendship** for Chopin　［名詞化］　（彼女のショパンとの親好）

　　　　　　　　　　　　　　　　　　　　　　　　　（Quirk et al.（1985: 1288））

(14)は true（形容詞）と truth（名詞）の対応，(15)は friend（具体名詞）と friend-ship（抽象名詞）の対応である。すべてではないにせよ，多くの単語や句にはこのような名詞表現の対応が観察される。

　動詞が名詞化された場合，(16)のように，もととなる文が能動態である場合と，(17)のように受動態である場合とがある。

(16) a. the critics' hostile reception of the play

　　　　　（批評家たちのその演劇に対する厳しい評価）

　　　b. The critics received the play in a hostile manner.

　　　　　（批評家たちがその演劇を厳しく評価した。）

(17) a. the play's hostile reception by the critics

　　　　　（その演劇の批評家たちによる厳しい評価）

　　　b. The play was received in a hostile manner by the critics.

　　　　　（その演劇が批評家たちによって厳しく評価された。）

　　　　　　　　　　　　　　　　　　　　　　　　　（Quirk et al.（1985: 1289））

(16a)の the critics' hostile reception of the play という名詞句に対し，そのもとになる(16b)は The critics received the play in a hostile manner. という能動態の文になっている。逆に(17a)の名詞句 the play's hostile reception by the critics には，(17b)の The play was received in a hostile manner by the critics. という受動態の文が対応している。

　さらに，-er という派生形態素によって動詞から名詞をつくることができるが，これも名詞化の1種といえる。

(18) a. She is a good writer.　（彼女はよい書き手だ。）

　　　　She writes well.　（彼女は書くのがうまい。）

b. He is a clever liar. （彼は上手な嘘つきだ。）

He lies cleverly. （彼は嘘をつくのがうまい。）　　　　（Quirk et al. (1985: 1289)）

(18a)では，She writes well. から writer が名詞化によってつくられている。-er がついて派生された名詞は，通常もとの動詞の主語を表すため，(18a)の (a good) writer は主語の She を指す。同様に，(18b)でも He lies cleverly. から a clever liar がつくられ，liar はもとの主語の He となる。

　動詞の主語や目的語などが，派生名詞においても明示されている場合はもとの動詞と派生名詞との関係が明確になるが，そうでない場合は両者の関係が不明瞭になる。

(19) The reviewers criticized his play in a hostile manner.
（批評家たちは彼の演技を敵意をもって批判した。）

(20) a. the reviewers' hostile criticizing of his play
（批評家たちが敵意をもって彼の演技を批判すること）

b. the reviewers' hostile criticism of his play
（批評家たちの敵意ある彼の演技の批判）

c. the reviewers' criticism of his play
（批評家たちの彼の演技の批判）

d. the reviewers' criticism
（批評家たちの批判）

e. their criticism
（彼らの批判）

f. the criticism
（批判）　　　　　　　　　　　　　　（Quirk et al. (1985: 1289)）

(19)が動詞 criticize を用いた完全な文で，そこには the reviewers という主語と his play という目的語，そして in a hostile manner という様態を表す前置詞句が現れている。(20)はすべてその名詞化の例であるが，(20a)から(20f)にかけて，それらの要素は少しずつ失われていき，もとの(19)の動詞の形との関係が不明瞭になっていく。それでも(20)のすべての例が名詞化していることは，(21a)の by の後に(20)のどの句も入れることが可能であることから明らかである（前置詞の後には名詞句しか入れない）。

(21) a. Lanzarotti was disappointed by...

  b. Criticism is always helpful.   (Quirk et al. (1985: 1289))

また，(21b)のように，名詞化が極端に進むと，もとの動詞的用法でともに現れていた（主語や目的語，前置詞句，冠詞といった）要素をまったくともなわずに単独の抽象名詞として用いることができる。

　動詞によっては lie（嘘をつく）や fire（解雇する）のようにそれに対応する名詞形が存在しない場合がある（lie は名詞として「嘘」という意味になるが，「嘘をつくこと」という意味にはならない）。そうした場合でも，-ing によって lying や firing のような名詞形をつくることができる。

(22) a. Lying is all too common.

   （嘘をつくことはよくある。）

  b. His firing of William was a mistake.

   （彼がウィリアムを解雇したのは間違いだった。）

  c. The number of reported sightings of UFOs since 1980 is relatively small.

   （1980 年以降の UFO の目撃件数は比較的少ない。） (Quirk et al. (1985: 1290))

また，(22c)の sightings のように -ing の複数形からも，動詞に -ing がついた形が名詞化していることがわかる。

　動詞 arrive に対しては，arrival のような純粋な名詞形と，arriving のような -ing を用いた名詞形が存在する。このような場合，副詞的な前置詞句による修飾の可能性に関して2つの名詞形に違いがみられる。

(23) a. their arriving for a month　（彼らが1カ月の間に次々と到着すること）

  b. ?the(ir) arrival for a month

(24) a. their behaving with courtesy　（彼らが礼儀正しくふるまうこと）

  b. ?the(ir) behaviour with courtesy

(25) a. their acting in a nasty manner　（彼らが行儀悪くふるまうこと）

  b. *the(ir) action in a nasty manner   (Quirk et al. (1985: 1290))

いずれの場合も，-ing を用いた表現に比べ，派生名詞は副詞的な修飾（for a month, with courtesy, in a nasty manner）を受けにくい。-ing 形の名詞に比べ純粋な派生名

詞の場合，派生のもとになっている動詞表現のもつ出来事としての意味が薄れ，出来事の結果だけを表すようにネイティブは解釈するからである。副詞的な前置詞句は，出来事の過程を修飾すると考えられるので，純粋な派生名詞とは意味的に相性が悪くなるのである。たとえば arriving は「到着する」という出来事を表すのに対して，arrival はその結果の「到着」だけを表す。したがって (23b) のように for a month（1 カ月の間次々と）のような経過を意味する副詞的修飾句は arrival と共起しにくいのである。

5.3 接辞と品詞

英語の派生形態素には接頭辞と接尾辞がある。多くの接尾辞は基体の品詞を変えるのに対し，多くの接頭辞は基体の品詞を変えない。はじめに品詞を変える接尾辞をみてみよう。

(26) 動詞 → 名詞
　　refuse（拒否する）–refusal（拒否），organize（組織化する）–organization（組織），
　　arrange（配置する）–arrangement（配置）
(27) 形容詞 → 名詞
　　rapid（早い）–rapidity（迅速），useful（役に立つ）–usefulness（有用性）
(28) 名詞 → 形容詞
　　use（使う）–useful（役に立つ），fool（愚か者）–foolish（愚かな），
　　friend（友達）–friendly（親しみやすい）
(29) 動詞 → 形容詞
　　drink（飲む）–drinkable（飲める），talk（話す）–talkative（おしゃべりな）
(30) 形容詞 → 動詞
　　ripe（熟している）–ripen（熟する），ample（豊かな）–amplify（豊富にする），
　　modern（現代的な）–modernize（現代化する）

(26) を例に考えると，-al や -tion そして -ment という接尾辞がそれぞれ動詞について，全体として名詞になる。ただし，すべての接尾辞が基体の品詞を変えるわけではない。たとえば，slave（奴隷）–slavery（奴隷制度），boy（少年）–boyhood（少年時代）のような例では，基体も接尾辞によって派生された単語もどちらも名詞である。しかし接尾辞の場合，このような例は少なく，基本的に基体の品詞を変

える役目が接尾辞にあるといえよう。

これに対し，大多数の接頭辞は基体の品詞を変えることがない。

(31) 動詞 → 動詞

  build（建てる）–rebuild（再建する），cook（加熱する）–overcook（加熱しすぎる），
  behave（上品に振る舞う）–misbehave（下品に振る舞う）

(32) 形容詞 → 形容詞

  complete（完全な）–incomplete（不完全な），
  sensitive（繊細な）–hypersensitive（過敏な），
  confident（自信のある）–overconfident（自信過剰な）

(33) 名詞 → 名詞

  section（節）–subsection（小節），cycle（周期）–bicycle（自転車），
  sphere（球）–hemisphere（半球），biography（伝記）–autobiography（自伝）

(31)の build–rebuild で考えると，build は動詞で「建てる」という意味で，re- が接頭辞としてついた rebuild も動詞で「再建する」という意味である。ほかの例も同様で，普通接頭辞は接尾辞と違い，基体の品詞を変えることがない（cf(32)，(33)）。しかし a-, be-, em-, en- などは例外で，a- は動詞を形容詞に変え（cf(34)），be- は名詞を動詞に変える（cf(35)）。また em-, en- は名詞や形容詞を動詞に変える（cf(36)，(37)）。

(34) 動詞 → 形容詞

  sleep（眠る）–asleep（眠っている），wake（起きる）–awake（起きている）

(35) 名詞 → 動詞

  fool（愚か者）–befool（馬鹿にする），head（頭）–behead（首をはねる）

(36) 名詞 → 動詞

  body（身体）–embody（具体化する），power（力）–empower（権限を与える），
  cage（檻）–encage（檻に入れる），danger（危険）–endanger（危険にさらす）

(37) 形容詞 → 動詞

  bitter（苦い）–embitter（苦くする），able（能力のある）–enable（可能にさせる），
  large（大きい）–enlarge（大きくする），rich（豊かな）–enrich（豊かにする）

なぜ接尾辞の多くは品詞を変え，逆に接頭辞の多くは品詞を変えないのか。また(34)〜(37)のように接頭辞であるにもかかわらず品詞を変えるものがあるのはどうしてなのか。これらの問いに対する明確な答えは今のところない。

5.3 節でみたように，ある単語の品詞を変える場合，通常何らかの接辞（とくに接尾辞）を用いる。

(38) kill（殺す）［動詞］　　　　　　　　kill-er（殺人者）［名詞］
　　　manage（やり遂げる）［動詞］　　　manage-ment（経営）［名詞］
　　　marginal（とるに足らない）［形容詞］　marginal-ize（過小評価する）［動詞］
　　　　　　　　　　　　　　　　　　　　（Huddleston and Pullum（2002: 1640））

(38)は，名詞化の -er と -ment，そして動詞化の -ize の接尾辞の例である。しかし次の各ペアでは，まったく同じ形の単語が別の品詞の単語として用いられている。

(39) a. Tom was a spy.　［名詞］
　　　　（トムはスパイだ。）

　　 b. The federal government can spy on you.　［動詞］
　　　　（連邦政府があなたを密かに見張っているかもしれない。）

(40) a. An arrest occurs when police officers take a suspect into custody.　［名詞］
　　　　（警察が容疑者の身柄を拘束することを逮捕という。）

　　 b. The police does not arrest people for minor offenses.　［動詞］
　　　　（警察は些細な犯罪で犯人を逮捕することはない。）

(41) a. Great people are always humble.　［形容詞］
　　　　（偉人はいつも謙虚だ。）

　　 b. Don't humble me for every little thing.　［動詞］
　　　　（些細なことでいちいち馬鹿にするな。）

(39)と(40)では spy と arrest が同じ形で名詞としても動詞としても使われている。(41)では humble という単語が形容詞と動詞を兼ねている。これらのペアでどちらを基体（派生前の単語）として考えるにしても，派生された語に何も接辞がないことは明らかである。このように綴りはそのままで形を変えずに品詞のみが変わることを品詞転換という。

　品詞転換の場合，綴り上は品詞を特定できないが，英語は文中の前後関係によって単語の品詞がわかるようになっているので心配する必要はない。たとえば

(39a)と(40a)では，spy と arrest に不定冠詞 a / an が先行している。この位置は典型的に名詞が現れる位置であることから，これらの単語が名詞として使われていることがわかる。(41b)では，don't の後ろに humble が置かれている。この位置には，通常原型の動詞が置かれることから，humble が動詞として用いられていることがわかる。

　文中での位置のほか，屈折形態によって品詞がわかることがある。

(42) a. They are heading to the East Side of Manhattan.　［動詞］
　　　　（彼らはマンハッタンの東側へ向かっている。）
　　 b. There were many cooks in the kitchen.　［名詞］
　　　　（台所にはたくさんの料理人がいた。）

接尾辞の -ing は動詞の進行形を表すことから，(42a)の head は名詞ではなく，動詞であることがわかる。つまり，head は名詞から動詞へと品詞転換している。また，(42b)の場合，cook についている -s だけに着目したのでは，三人称単数現在の形態なのか，名詞の複数形を表す形態なのかが判断できない。しかし，直前にある many とあわせて考えることで，cook は動詞ではなく，名詞へと品詞転換していることがわかる。

　品詞の転換には，いろいろな品詞の組み合わせパターンが存在する。たとえば Aarts (2011: 37-38) では，「名詞 → 動詞」「動詞 → 名詞」「形容詞 → 名詞」「形容詞 → 動詞」「動詞 → 形容詞」「前置詞 → 動詞」の6種類のパターンの品詞転換が紹介されている。まず「名詞 → 動詞」と「動詞 → 名詞」の例からみていこう。

(43) a. He bagged the goods.　［名詞 → 動詞］
　　　　（彼はものをバッグにしまった。）
　　　　ほかの例：bottle（ビン），bridge（橋），butcher（肉屋），can（カン），eye（目）など
　　 b. The assault was recorded on tape.　［動詞 → 名詞］
　　　　（攻撃はテープに記録された。）
　　　　ほかの例：attempt（試みる），cheat（だます），coach（指導する），
　　　　　　　　　discount（割り引く），laugh（笑う），whisper（ささやく）など
　　　　　　　　　　　　　　　　　　　　　　　　　　　　　　　（Aarts (2011: 38)）

品詞が転換した場合，転換後の単語の意味はもとの単語の意味とまったく同じというわけではない。とりわけ「名詞 → 動詞」の場合はいろいろな意味の変化がと

もなう。(43a)の bag は，本来の名詞として「かばん」という意味であるが，ここでは動詞に転換されて「かばんに<u>しまう</u>」という意味に変化している。「名詞 →動詞」の品詞転換については後ほどまた詳しく取り上げる。(43b)の「動詞 → 名詞」パターンでは，名詞に転換された語が「動詞が言い表す出来事」を意味するようになる。assault は動詞として「攻撃する」という意味なので，その名詞形の意味は「攻撃すること」となる。

次に「形容詞 → 名詞」と「形容詞 → 動詞」の例をみてみよう。

(44) a. These Olympic <u>hopefuls</u> are not ready for action. ［形容詞 → 名詞］
（このオリンピック出場候補たちは，まだ十分な準備ができていない。）
ほかの例：daily（毎日），intellectual（知的な），natural（自然な），
original（独創的な）など
b. They <u>emptied</u> the bath. ［形容詞 → 動詞］
（彼らは風呂の水を空にした。）
ほかの例：bare（裸の），blind（目が見えない），calm（静かな），smooth（滑らかな）
など
(Aarts (2011: 38))

「形容詞 → 名詞」の(44a)では，hopeful に複数形の形態素 -s がついてこれが名詞であることが示されている。これで「有望な人」の意味になる。この場合，転換された名詞は，もとの単語が意味する性質をもつ具体的な人やものを意味するようになる。intellectuals といえば知識人のことで，originals は，コピーではないオリジナルの個体という意味となる。

「形容詞 → 動詞」の例(44b)では，動詞へと転換された empty が，結果を意味するようになる。具体的にいえば，主語 They が目的語の the bath に対して風呂の栓を抜くなどのはたらきかけをし，その結果，風呂が空の状態になった（the bath has become empty）という意味となる。

次に「動詞 → 形容詞」と転換する例をみてみよう。

(45) These silly stories are not very <u>amusing</u> at all. ［動詞 → 形容詞］
（これらの馬鹿話は，ちっともおもしろくない。）
ほかの例：bored（退屈した），boring（退屈な），entertaining（おもしろい），
missing（足りない），spoilt（甘やかされた）など (Aarts (2011: 38))

(45)のような「動詞 → 形容詞」の転換の場合，もとの動詞が現在分詞形 (-ing) か

過去分詞形（-en）になっていることが品詞転換の条件になる。一見すると，(45)は現在進行形の文のようで，品詞転換とは思えないかもしれない。しかし，(45)の amusing が形容詞化していることは，強調の副詞として very が使われていることからわかる。仮に amuse（楽しませる）を（動詞の）現在分詞として現在進行形で用いると(46a)のようになる。

(46) a. Richard was amusing us so much.
  （リチャードは私たちを大いに楽しませてくれていた。）
 b. *Richard was very amusing us.

しかし，(46b)のように，この意味での amusing を very で強調することはできない。(45)の amusing のように，「おもしろい」という意味の形容詞に転換されてはじめて very での修飾が可能となるのである。

　最後は(47)の「前置詞 → 動詞」の例をみておこう。

(47) He downed his drink. ［前置詞 → 動詞］
  ほかの例：out, up など
                                             (Aarts (2011: 38))

この場合は，もとの前置詞の意味に「方向」や「動き」があることが品詞転換の条件であると思われる。(47)は「飲み物を飲み干した」という意味であるが，down が前置詞でも下方への移動を意味しているので，この意味がそのまま動詞へと受け継がれる。したがって at とか above のように，（動的な移動ではなく）静的な位置を表す前置詞は動詞化しにくいといえる。

　このように「名詞 → 動詞」以外の品詞転換の場合は，転換後の意味の変化にパターンがみられ，そして転換後の意味も概ね予測がつく。これに対し「名詞 → 動詞」の品詞転換のパターンでは，意味の変化が多彩で，また必ずしも名詞の意味から転換後の動詞の意味が予測可能なわけではない。以下の議論は，Huddleston and Pullum (2002: 1641–1642) の説明を参考にしている。

(48) a. Put some butter on the bread.
  （少しバターをパンに塗ってください。）
 b. Butter the bread.
  （バターをパンに塗ってください。）
 ほかの例：oil（オイル），salt（塩），pepper（胡椒），water（水）など

(48)にみられる意味の変化は比較的わかりやすい。名詞としての butter はもちろん「バター」という意味で，動詞に転換されると「バターを**塗る**」という意味になる。この意味は，バターがパンやそのほかの食材に塗るものだという一般的な知識からきていると思われる。しかし必ずしもそれだけがバターの使い方ではない。たとえばケーキをつくる際に粉に混ぜ込んだり，食材を炒める際にフライパンに溶かしてバターを使うこともある。しかし，動詞化すると，真っ先に想起されるバターのもっとも一般的な使われ方の意味で動詞の butter が使われる。oil や salt そして pepper などもこれに類する。

次は道具を意味する名詞が動詞へと品詞転換されている例である。

(49) a. I need a sharp <u>knife</u> to cut the meat.
　　　　（肉を切る鋭利な包丁が必要だ。）

　　 b. Several people were <u>knifed</u> Sunday morning in downtown San Diego.
　　　　（サンディエゴの中心街で日曜の朝，何人かがナイフで刺された。）

　　 ほかの例：can（カン），bottle（ビン），spoon（スプーン），ladle（ひしゃく），
　　　　　　　 mop（モップ）など

(49b)では knife に過去分詞の屈折形態素が -ed がついていて，knife が動詞化されていることがわかる。knife は鋭利な刃物のことで，ものを切る道具である。したがってこれが動詞化されると「それを使って行われる動作」を意味するので，本来であれば，肉や野菜を切るという意味で knife を用いてもよいはずだ。しかし，実際はこの意味では用いられず，「殺傷の目的で人をナイフで刺す」という意味に特化して用いられる。つまり，knife の語彙化が進んだ結果，名詞の意味から予測できる「ナイフを使って何かを行う」よりも限定的な意味をもつようになった。

これと似たパターンに，職業名や体の部位を意味する名詞から動詞へと品詞転換した例があげられる。

(50) a. You want to ask the <u>butcher</u> to remove the membrane from the underside of the ribs.
　　　　（リブ肉の下についている薄い膜を肉屋に取り去ってもらうように頼んだほうがいいよ。）

　　 b. He has seemingly <u>butchered</u> the game.
　　　　（彼はどうやら試合を台無しにしてしまったようだ。）

　　　　ほかの例：tutor（家庭教師），usher（案内係），waitress（ウェイトレス），spy（スパイ）
　　　　など

（51）a. Sally was walking in the street with her <u>head</u> down.
　　　　　（サリーはうつむきながら通りを歩いていた。）
　　　b. Tom is <u>heading</u> the company as CEO.
　　　　　（トムは最高経営責任者として会社を率いている。）
　　　　ほかの例：eye（目），finger（指），nose（鼻），elbow（肘）など

（50b）の butcher は「肉屋」を意味する名詞が動詞へと品詞転換された例である。
動詞化の結果「（ちょうど肉屋が動物を解体してもとに戻せなくするように）試合
を駄目にした」といった意味をもつようになる。肉屋がするのは動物の解体だけ
ではもちろんないが，肉屋を肉屋と認識する主な仕事は動物などの解体なので，
これが比喩的な意味として動詞の butcher の意味になる。また，（51b）の head（率
いる）は，人間の体のもっとも重要な，意思や行動を決定する部位である head
（頭）が比喩的な意味に転化され，動詞化された例である。
　　「名詞 → 動詞」の転換により，「もとの名詞に対して行う行動」を意味する動詞
がつくられる場合もある。

（52）a. It's often said a <u>weed</u> is just a misplaced flower.
　　　　　（雑草とは，生える場所を間違えた花のことだとよくいわれる。）
　　　b. Knowing how to <u>weed</u> correctly is essential.
　　　　　（雑草の適切な取り除き方を知ることは大切だ。）
　　　　ほかの例：hull（外皮），shell（殻），skin（皮）など

weed の基本的な意味は，a wild plant that grows in gardens or fields of crops that pre-
vents the plants that you want from growing properly（手入れされた庭や菜園に生える
草で，育てようとしている植物の生育を妨げる植物）と定義される（*Collins Cobuild*
Advanced Learner's English Dictionary）。ということは，weed は，「取り除かれるた
めの」植物であるといえる。そのため，weed が動詞へと転換されると，「不要な
雑草を取り除く」という意味になる。さらに，Let's weed out the cars that choke
London.（ロンドンの街を動きがとれないくらいに混雑させていた車を何とかしよ
う。）のように，weed は雑草以外にも比喩的に用いることができる。hull（外皮を
取り除く）や shell（殻から外す）なども同様の例である。

　こうした語彙化は，ネイティブたちの日常生活の実際の言語使用の中で生まれる。1つの語彙化のパターンがわかると，ネイティブではない私たちも似た意味の単語を見よう見まねで使うことができるようになるだろう。

5.5 さまざまな語形成

　これまでこの章では派生形態素を用いた語形成の過程を取り上げてきたが，この節では，派生形態素そのものを使っての語形成ではなく，既存語や，その一部を使って新たな単語をつくる過程などをみていく。一見単純にみえる語形成も細かな規則性がはたらいていて興味深い。

　まず，単語造成（word manufacture）をみていくことにしよう。これはまったく新しい単語をゼロからつくり出すことである。実際，単語を使う際，前提として，聞き手や読み手があらかじめその単語の意味を知っていることが必要となる。完全に新しい単語をつくったとしても，それがその言語を話す多数の人に理解されるようになるまでには相当な時間がかかると思われる。したがって単語造成の例はあまり多くない。また，わざわざ新しい単語をつくらなくても，現在利用できる単語を組み合わせることでたいていの物事や概念を表現することができる。単語造成が行われるのは，何か完全に新しいもの，とりわけ新しい商品がつくられ，売り出されたり，新たな会社が設立されるような場合である。有名な例としては，もともとは新しい素材の商品名であった nylon（ナイロン，合成繊維の一種）や電子写真複写機を商品化した会社名であった xerox（複写（する））などがある。

　次に句の頭文字を使った造語をみてみよう。これには2種類ある。1つは省略形（abbreviation）で，もう1つは頭字語（acronym）である。まず，省略形からみていく。

(53) CIA　　Central Intelligence Agency　（中央情報局）

　　　FBI　　Federal Bureau of Investigation　（連邦捜査局）

　　　LA　　Los Angeles　（ロサンゼルス）

(54) DJ　　disc jockey　（ディスクジョッキー）

　　　DNA　　deoxyribonucleic acid　（デオキシリボ核酸）

　　　VIP　　very important person　（要人）　　　（Huddleston and Pullum（2005: 1632））

(53)や(54)にあるように，省略形は語句の頭文字を順番にとってつくった単語であり，発音もその頭文字を順番に読んだものになる。たとえば CIA であれば，/síːaiéi/ となり，DNA は /díːenéi/ となる。綴りはそのままの形か，C.I.A. のように各頭文字の後にピリオドが打たれる場合もある。省略形も独立した単語として成立していることは，省略形がさらに屈折形態素や派生形態素によって別の形の単語をつくり出すことができることからわかる。たとえば HQ は，headquarters の省略形であるが，複数形 -s の形態素によって複数形の HQs をつくる。おもしろいのは，もとの単語 headquarters が単数形と複数形が同形であるのに対し（つまり，a headquarters, many headquarters ということができる），HQ は HQ なら単数形，HQs なら複数形となり，省略形のほうのみに単複の区別がある。また，ZPG は the zero population growth movement の省略形であるが，これに派生形態素 -er をつけ ZPGer とすると，「人口増加停止運動支持者」という意味の派生名詞になる（つまり，あたかも the zero population growth movement という複合語全体に -er がついたかのような意味になる）。

　インターネットの普及とともにメールやライン等のソーシャルネットワーキングサービス（social networking service，これ自身 SNS という省略形で表される）の利用が一般的になり，それにともなってインターネット上を中心に使われる省略形もある。(55)が代表的な例である。

(55)　OMG　　Oh my God!　（なんてこった！）
　　　 lol　　　laugh out loud　（大声で笑う）
　　　 BFF　　best friends forever　（永遠の親友）

BFF は複数形にもなって，その形は BFFs である。この例でも省略形がさらに独立した単語として屈折形態素の -s をともなっていることがわかる。
　(56)は頭文字を使ったもう 1 つの造語法である頭字語の例である。

(56)　AIDS　　　acquired immune deficiency syndrome　（後天性免疫不全症候群）
　　　 NATO　　the North Atlantic Treaty Organization　（北大西洋条約機構）
　　　 UNESCO　the United Nations Educational, Scientific and Cultural Organization
　　　　　　　　（国際連合教育科学文化機関）
　　　 WASP　　white Anglo-Saxon protestant　（アングロサクソン系白人新教徒）
　　　　　　　　　　　　　　　　　　　　　　（Huddleston and Pullum（2005: 1633））

頭字語と省略形の違いは，頭字語の場合，頭文字を単に並べてそのとおりに発音するのではなく，並べられてできた単語を完全に独立した単語のように発音する点にある。たとえば NATO であれば，/eneiti:ou/ と発音するのではなく /néitou/ と発音し，WASP は /wásp/ と発音する。頭字語となるには，このような独立した単語としての発音が可能でなければ成立しない。FBI が頭字語にならないのはこのためである。しかし，省略形になるか頭字語になるかは，最終的にはネイティブの慣習によるものである。EFL（English as a foreign language）は省略形 /i:efel/ と発音されるが，TEFL（teaching English as a foreign language）は頭字語で，/tefl/ と発音される。TOEFL /tóufl/（Test of English as a Foreign Language）や TOEIC /tóuik/（Test of English for International Communication）も頭字語である。

このほかに，頭文字以外の要素を組み入れたのが(57)の例である。

（57）TB　tuberculosis　（結核）

　　　ID　identification　（身分証明）　　　　　　（Huddleston and Pullum（2005: 1634））

TB は tuberculosis（結核）の省略形であるが（発音は /tì:bí:/），B は頭文字ではない。同様に ID の D は identification の 2 文字目で，こちらも頭文字ではない。

次に切り取り（clipping）とよばれる短縮形をみていこう。

（58）coke（cocaine：コカイン），deli（delicatessen：総菜屋），doc（doctor：医者）

（59）bus（omnibus：バス），phone（telephone：電話），chute（parachute：パラシュート）

（60）flu（influenza：インフルエンザ），fridge（refrigerator：冷蔵庫），tec（detective：探偵）

　　　　　　　　　　　　　　　　　　　　　　（Huddleston and Pullum（2005: 1635））

切り取りは，切り取られる部分の違いから 3 種類に分けられる。まず，単語の後ろを切り取るのが(58)の例である。たとえば delicatessen から，単語の後部の catessen が切り取られて，deli となる。逆に前を切り取るのが(59)である。たとえば，omnibus から omni が切り取られて，bus となる。さらに例はあまり多くないものの，単語の前後を切り取り，中間だけが残るのが(60)の例である。たとえば refrigerator から前部の re と後部の rator が切り取られ，中間の fridge だけが残る形になる。切り取りが起こる際に綴りに変化がみられる場合がある。たとえば，cocaine → coke, refrigerator → fridge と綴りが微妙に変化している。

次に混交（blending）という現象をみていこう。混交は 2 つの単語の一部が合体

して新たな単語になる過程をいう。

(61) a. telebanking (telephone + banking) （テレバンキング）
　　 b. guesstimate (guess + estimate) （当て推量する）
　　 c. brunch (breakfast + lunch) （ブランチ）

(61a)の例では，混交語の前半に telephone の前方が用いられ，後半が banking という単語でできている。これと逆なのが(61b)の guesstimate で，前半が単語全体の guess で，後半が estimate の後ろ部分の timate である。前後ともに単語の一部を使っている例が(61c)の brunch である。このほかに smoke + fog で smog（スモッグ）や，motor + hotel で motel（モーテル）などの例がある。

　ある混交が別の混交語の形成を促すような場合もある。たとえば，はじめにwork（仕事する）と alcoholic（アルコール依存症）から，混交語である workaholic（仕事依存症）がつくられる。するとこの混交のパターンを利用して chocolate（チョコレート）と alcoholic から chocoholic（チョコレート依存症）がつくられる。また昨今アベノミクス（Abenomics）という単語が日本の安倍総理大臣の経済政策を言い表すのに用いられるようになったが，これは Reaganomics（Regan + economics）や Thatchernomics（Thatcher + economics）という混交のパターンから生まれている。-holic や -nomics は生産性が高いため接辞と基体の中間的な存在（falling at the boundary between affix and base）といえるだろう（Huddleston and Pullum (2005: 1637)）。

　最後は逆成（back formation）をみていこう。一般的に派生形態素による語形成は，派生形態素を用いて，より長く複雑な単語をつくる過程のことである。ところが時として，すでに一定期間使われている単語から形態素を脱落させて，より単純で短い単語を新たにつくり出すことがある。この過程を逆成とよぶ。(62)が逆成の例である。

(62)
もとの単語	逆成語	もとの単語	逆成語
baby-sitter	baby-sit	editor	edit
（ベビーシッター）	（ベビーシットする）	（編集者）	（編集する）
headhunter	headhunt	jogging	jog
（ヘッドハンター）	（ヘッドハントする）	（ジョギング）	（ジョギングする）

recycling	recycle	television	televise
（リサイクル）	（リサイクルする）	（テレビ）	（テレビで放映する）
underachiever	underachieve	disabled	abled
（劣等生）	（悪い成績をとる）	（障がいのある）	（障がいのない）

（Huddleston and Pullum（2005: 1637））

　たとえば baby-sitter（ベビーシッター）と baby-sit（ベビーシットする）の関係を
みてみよう。はじめに英語で使われて一般化したのは baby-sitter という名詞であ
る。しばらくの間これが広く使われたが，ある時点から -er という形態素を外し
た baby-sit が，動詞として用いられるようになる。これは「動詞に -er をつけて名
詞化する」という一般的な派生の方向とは逆なので逆成とよばれる。(62)のほか
の例も同様に逆成の例である。television（テレビ）も，この名詞が先にあって，
後に televise（テレビで放映する）という動詞が -ion という接辞を取り外すことに
よってつくられた。television と televise の形態的な関係は revise（改訂する）と
revision（改訂）の形態的な関係とまったく同じである。それでも revision は revise
から，-ion をつけて名詞化されたと考えられるが，television と televise の関係は
その逆になる。

　逆成は現在でも英語の語形成の 1 つとして機能している。editor（編集者）から
edit（編集する）がつくられたのは 19 世紀であるが，headhunter（ヘッドハンタ
ー）から headhunt（ヘッドハントする）がつくられたのはごく最近である。逆成
は今現在「生きた」規則としてネイティブの間で用いられている造語法なのであ
る。

6

派生形態素各論：音編

　第 5 章では名詞化と語形成そして接辞付加による品詞の転換など派生形態の形態的特徴を幅広い観点から取り上げた。本章では，とくに派生形態の音声的な特徴についてみていくことにする。英語の派生形態の音声特徴を語るうえでとりわけ重要となるのが**アクセント**という概念である。

　世界の言語を見渡してみると，実に多くの言語においてアクセントが重要な役割をはたしている。アクセントがあることで，語と語の区切りを明確にすることもでき，また，意味の違いを出すこともできる。

　アクセントの型を大きく分けると，日本語のように高低の音声特徴に基づく「ピッチ（高さ）アクセント（pitch accent）」と，英語のように強弱に基づく「強勢（強さ）アクセント（stress accent）」の 2 種がある。通常，「ピッチアクセント」や「強勢アクセント」と表現する際の「アクセント」は，それぞれの単語に付与され，ほかの要素よりも際立つ要素である**語アクセント**のことを指し示す。

　音声コミュニケーションにおいて，ネイティブは強勢のある位置を手がかりとしながら連続した音声を有意味なかたまりに分割し，意味内容を理解しているといわれている。たとえば，nórmally（標準的に，普通は）の第 1 音節の強勢を誤って第 2 音節に付与して normálly と発音すると，多くの場合 no money（お金がない）と言っていると勘違いされてしまうらしい。この例からもわかるように，強勢を誤った位置に付与することは，私たちが考える以上にコミュニケーション上の大きな障害となりうる。

　コミュニケーション上重要な役割をはたしている強勢なのだが，これほどまでに重要な存在であるにもかかわらず，英語の場合，その出現箇所を綴りのうえで判断することはできない。すなわち，フランス語やスペイン語などのようにアクセント記号が綴りの一部をなしているような言語とは違い（たとえばフランス語：école（学校），où（どこ），スペイン語：¡Atención!（気をつけて！），Buenos días（こんにちは）），英語においては強勢の位置を綴りから判断する術がない。したがって，英単語を覚える際には文字配列としての綴りのみに気をとられてしまう学習者も少なくないはずだ。しかし，「単語を知る」ということは，その単語内の強勢位置も含めて理解するということである。とりわけ，音声コミュニケーションにおいては，正しい位置に強勢を付与することは，発話の内容を理解するうえでの鍵といえよう。そこで，まず強勢とはいったいどういうものなのか，その本質に迫ってみることにしよう。

6.1 強 勢 と は

　英語のほか，フィンランド語やタイ語なども強勢アクセント言語なのだが，英語の場合，強勢を担った音節と無強勢の音節との音声的特性の違いはほかの言語よりも大きいということをまず認識することが大切である。音声学者の中には，英語の強勢を 6 段階に分けて考えている人もいるが，そこまで厳密に考える必要はなく，通常は第 1 強勢（強）(strong / primary)，第 2 強勢（やや強）(secondary / medial)，無強勢（弱）(weak / unstressed) の 3 種類の区別ができていれば事足りる。

　上述のように，英語は強勢アクセント言語として分類されることから，上記 3 種の強勢は「強さ」の違いとして簡単に片づけてしまいがちである。しかし，そもそも「言語音の強さ」とは何だろう，ということを改めて考えてみると，案外答えにくいということに気づくのではないだろうか。

　一般的に，言語音の強さとは主に「声の大きさ」，「母音の長さ」，「ピッチ（声の高低）」や「母音の音質」の要素が絡み合いながら生み出されるものであるとされている。英語の上記 3 種の強勢の違いをこれらの要素に基づいて分類すると，表6.1 のようにまとめることができる。

　まず，第 1 強勢と第 2 強勢の違いは主に「ピッチ」の違いとして捉えることができ，前者は高ピッチで後者は低ピッチである。さらに，強勢のある母音（第 1 強勢，第 2 強勢）と無強勢母音の違いは主に「長さ」の違いと捉えることができる。実際，ネイティブの発音では，強勢のある母音と無強勢母音とをそれぞれ発音するのに要する時間は 4 対 1 と報告されている。つまり強勢母音は無強勢母音の約 4 倍の長さを有していることになる。以上のことから，強勢の「強さ」の違いは「高さ」や「長さ」といった要素が複合的に関係していることがうかがえる。

表 6.1　英語における 3 種の強勢 (Lane (2010: 18))

	第 1 強勢 (primary)	第 2 強勢 (secondary)	無強勢 (unstressed)
音量 (声の大きさ)	大きい	大きい	小さい
母音の長さ	長い	やや長い	短い
ピッチ	高い	低い	低い
母音の音質	強母音	強母音	弱母音

　以上のように，強勢はさまざまな要素が関与することで具現化されるのだが，そもそも強勢が付与されているということを私たちが認識できるのはどうしてだろうか。より具体的にいうと，実際の産出時および知覚時の特徴に目を向けた場合，強勢を担っている音節とそうでない音節とではどのような違いが観察されるのだろうか。以下，この点についてみていく。

　まず産出面，すなわち，話し手が強勢を担った音節を発音する時の状態についてみてみると，こうした音節を発音する時は通常，肺から強く息を吐き出すため，筋肉の動きも活発で，その結果として強い呼気が生じやすい状態にある。これに対し，強勢が付与されない，無強勢の音節（弱音節）を発音する際の呼気は弱い。

　次に知覚面の特徴，つまり聞き手がある音節を聞いたとき，強勢を担っているとわかるのはどういった音の特徴を聞き取ることでわかるのだろうか。強勢が付与された音節は，強勢を担っていないほかの音節と比べ，より際立つ (prominent)，つまり目立つことはたしかだ。強勢というぐらいだから，この場合「目立つ」という概念は「強さ」と密接な関係にあることは容易に想像がつくが，上述のとおり，「強さ」は複数の要素が関与しながら生み出されるものである。そこで，表 6.1 にまとめた 4 要素との関係で，強勢についてより詳しく考察してみることにしよう。

　1) 音量：一般的により「大きい」音はより「強く」聞こえることが多い。仮に「ババババ」の連鎖のうち，下線を引いた「バ」のみほかよりも音量を上げて発音したとしたら，その部分が一番強く，かつ目立つ要素となる。それゆえ，ネイティブの多くはその位置に強勢があると感じるらしい。

　2) 母音の長さ：際立ち (prominence) において長さは重要な役割をはたしている。「バババーババ」のように，声の高さ，音量はまったく同じ状態で，下線部の 1 箇所のみ長く発音すると，「長さ」の違いであるにもかかわらず，多くのネイテ

ィブ話者はその長い箇所に強勢があると判断するといわれている。

3）ピッチ：ピッチは声帯の振動数と対応しており，主に声の高低と関係している。振動数が多ければ音は高くなり，少なくなれば低くなる。長さと音量をともに揃えたうえで「ババ<u>バ</u>ババ」の下線部をほかの音よりもピッチを高くして（つまり高音で）発音すると，「高さ」の違いであるにもかかわらず，ネイティブはその位置に強勢を感じるようだ。

4）母音の音質：同じ母音の中に 1 つだけ異なる母音が含まれていると，その 1 つだけ異なる母音に強勢を感じとるネイティブが少なくないようだ。仮に ba の連鎖の中に 1 つ bi を含め，同じ音量，高さ，長さで「ババ**ビ**ババ」と発音したとしよう。1 つだけ異なる音が含まれているというだけでその部分が際立った存在として認識されることになり，ネイティブはその箇所に強勢を感じとるという。とくに緊張をともなって発音される beat [biːt] に含まれる母音（緊張母音，tense vowel）と，緊張をともなわずに発音される bit [bɪt] に含まれる母音とでは，前者のほうがより強勢部分が際立って聞こえないだろうか。試しにこの 2 つの単語を交互に連続して発音してみてほしい（つまり beat-bit-beat-bit-beat-bit-beat-bit...）。緊張母音を含む beat のほうが bit よりも目立つはずだが，その違いは母音の違いによるものである。ともに強勢が付与されている母音間でも緊張の有無でこのような際立ちの差を感じるのだから，強勢が付与されていない弱母音（曖昧母音）の中に強母音が 1 つ紛れ込んでいればその差はより一層顕著である。

6.2 強勢位置は予測可能なのか

英語では強勢位置を予測することは不可能，と諦めている学習者も少なくないはずだ。言語によっては，強勢の位置が固定されており，たとえばフランス語は語末もしくは語群末の最終音節に強勢が一律に付与されるし，チェコ語では語頭の音節に強勢が付与される。これに対し，英語は一貫性がなく，bambóo は語末の音節に，béauty は語頭の音節に強勢がそれぞれ付与されており，単語ごとに強勢の付与位置が異なっている。このように，一見何ら規則性らしきものが見出せないにもかかわらず，どういうわけか，ネイティブはこれまで出会ったことのない単語をはじめて発音する時でも，正しく強勢を付与することができるという。未知の語の強勢位置を正しく予測しながら発音できるのはなぜだろう。

　以下，強勢位置を定める判断材料となるポイントを音節構造，単語の起源，品詞，綴りを中心にみていくが，その前に，英語の強勢は語末を起点として決定されるということをまず理解しておこう。つまり，英語の強勢位置は語末から音節を数えることである程度の規則性を捉えることができる。たとえば，英語の名詞は<u>語末から 2 番目の音節</u>に強勢が付与される傾向が強いといわれている。身近な名詞をざっと思い浮かべてみても，compúter, conversátion, hámmer, umbrélla 等々いずれも単語自体の総音節数に関係なく，(1) に示したように語末から 2 つ目の音節に強勢が置かれている。

(1)　　　　　　　＜強勢＞

	3つ目	2つ目	語末音節
	com	pú	ter
con	ver	sá	tion
		hám	mer
	um	brél	la

「後ろから 2 番目の音節に強勢を付与する」なんて不思議，と思うかもしれないが，実はこの奇妙なパターンこそが「英語っぽさ」の特徴であるともいえる。その証拠に，たとえば，渋谷の駅前を歩いていた時に，いきなりアメリカ人に駅名を尋ねられた場面を想定してみてほしい。頼まれもしないのに「しぶ～や」と語中の「ぶ」を伸ばしながら発音したりしないだろうか。これは渋谷に限ったことではなく，新宿なら「しんじゅ～く」，品川なら「しなが～わ」と語中を伸ばしながら発音する傾向は決して珍しいことではない。盛岡，大阪，博多であっても同じことで，普通に「も・り・お・か」，「お・お・さ・か」，「は・か・た」と発音すればよいのに，なぜか単語の一部を伸ばしながら発音してしまう。この時，伸ばしている箇所に注目してほしい。いずれも「後ろから 2 番目の音節」，つまり英語の名詞が一般的に強勢を担う位置と一致している。おそらくは相手にとって聞き取りやすい発音にしようと，無意識のうちに自分なりに「英語っぽく」聞こえるように工夫しているのだろうが，くしくも，英語の名詞の基本パターンである「語末から 2 つ目の音節」を伸ばして発音している。教わっているわけでもなければ，自分で意識しているわけでもないのに英語の名詞の強勢付与規則に従って「語末

から2つ目の音節」を伸ばすこと自体興味深い現象である。

図 6.1 単語の構成要素

この節では以下，主に1つの形態からなる単語に焦点を当てながら，強勢の付与される位置についてみていくことにする（図 6.1 内の囲い参照）。複数の形態から構成されるもののうち，接辞と語幹からなるものについては 6.3 節で，複合語については第7章および第8章でそれぞれ詳しく取り上げる。

6.2.1 強勢位置と音節構造

　強勢付与の位置を音節構造との関係でまず考えてみる。一般的に強勢が付与された強音節（strong syllable）と，強勢が付与されていない弱音節（weak syllable）は音節内のライム構造が異なっているとされる。

　音節はライム構造の違いによって大きく分けて重音節（heavy syllable）と軽音節（light syllable）の2種に分類できる。

　核とコーダからなるライム（4.4 節参照）が枝分かれ構造（branching structure）となっているのが重音節である。逆にライムが枝分かれ構造となっていないのが軽音節である。このことを図に示すと（2）のようになる。

(2)　a. 重音節

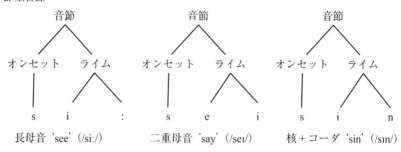

長母音 ‘see’ (/siː/)　　　二重母音 ‘say’ (/seɪ/)　　　核＋コーダ ‘sin’ (/sɪn/)

b. 軽音節

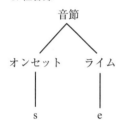

‘semi’ (/sɛmɪ/) の第 1 音節の子音＋母音連鎖 (/sɛ/)

(2a) に示してあるように，重音節はライム位置を占める要素が 2 つに枝分かれし
た構造に配置されている。つまり，/iː/ のような長母音（緊張母音）や /eɪ/ のような
二重母音 (diphthong)（ライム内が VV 構造)，あるいは核の母音とコーダ子音の連
鎖（ライム内が VC 構造）が含まれているような音節のことをいう（V は母音，C
は子音を意味する)。これに対し，軽音節は，ライムが枝分かれしていない構造を
しており，(2b) のような短母音のみからなる音節のことをいう（ライム内が V 構
造)。一般的に，同一語内に重音節と軽音節が含まれている場合，ほかの特殊な理
由がない限り（詳細は後述)，重音節の位置に優先的に強勢が付与される。たとえ
ば，Chína /ʧáɪ.nə/ と Japán /ʤə.pǽn/ を比べると，Chína では第 1 音節の Chí /ʧáɪ/ の
部分が重音節になるため，その部分に強勢が置かれるのに対し (3a)，Japán では
第 2 音節の pan /pǽn/ が重音節となるため，その部分に強勢が置かれる (3b) とい
う違いが読み取れる。

(3) a.

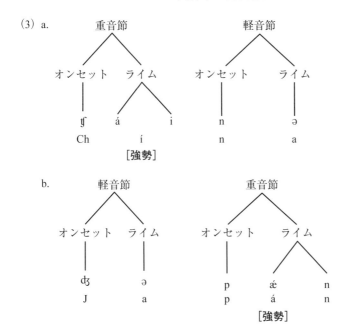

b.

以上をまとめると，強勢を付与されている強音節にはライムに2つの要素が含まれているのに対し，強勢が付与されていない弱音節では，ライムに1つの要素しか含まれていないという構造上の違いがある。もちろん，以下に紹介するほかの要因も絡んでいるので，構造上の違いだけでは強勢位置を決定することはできないが，ライムの構造に着目することで，少なくともどの音節に強勢を担う資格があるのかというぐらいの予測は容易に立てることができる。

6.2.2 強勢位置と語源

強勢位置を予測するうえで**単語の起源**，すなわち語源も役に立つといわれている。もともとゲルマン語族に属する英語ではあるが，その歴史を紐解いてみると，さまざまな事件や出来事を通じて本来のアングロサクソン系語彙に加え，多くの借入語を取り入れている。借入元の言語の1つであるフランス語と接触するきっかけとなった有名な例としてよく登場するのが，ノルマン征服（Norman Conquest）である。1066年，ノルマンディー地方（現在のフランス北西部）に住んでいたノルマン人が英国を占有し，その結果，フランス語が公用語となった。しかし，小

地主や農民は引き続き英語での生活を送ることとなり，フランス語と英語の二重言語社会が約200年にも及んだ。生きている状態ではゲルマン語のpig（豚）やcow（牛）なのに，調理した後はそれぞれフランス語由来のpork（豚肉）やbeef（牛肉）と呼び名が変わるのも，征服されたゲルマン人たちが動物の飼育や調理に携わり，征服者であるノルマン人がその肉を食べる立場にあったというこの時代の英仏二重言語社会の名残りである。

　現在の英語の語彙のうち，おおよそ3割程度のものが英語固有のアングロサクソン系の語彙といわれている。このようなアングロサクソン系の単語は**原則として語末から2番目の音節に強勢が付与される傾向が強い**。この3割の大半は日常生活に密接した動物名や体の部位といった基本語が占めているので，身近な語彙の強勢位置に迷ったら，まずは語末から2つ目の位置に付与してみよう（例：a-nó-ther, fá-ther, fín-ger, how-év-er, súm-mer）。ただし，一般的に接頭辞は強勢には直接関与しないことから（詳細は6.3節参照），アングロサクソン系の単語に接頭辞が付加されている場合は，接頭辞ではなく，基体自体に強勢が付与されることになる（例：un-páck）。

　残りの語彙についてもフランス語のほか，アラビア語，ギリシャ語，ラテン語をはじめ，多くの外国語からの借入語が含まれている。一般的にはこれらの語彙も，もとの言語のアクセント位置を無視し，アングロサクソン系の語彙同様に，原則として語末から2番目の位置に強勢が付与されることが多い（例：grammáire（フランス語）→ grámmar）。とりわけ，英語の歴史の中で早い時期に借入語となったものであればあるほど，この傾向は強いといわれている。ただし，一部の借入語については，(4) の例のように，もとの言語の強勢パターンをそのまま踏襲し，語末から2番目の位置に強勢が置かれないものもある。

(4) フランス語より：bi-zárre /bə -zá:r/, ba-róque /bə-róʊk/
　　アラビア語より：gi-ráffe /dʒə-ræf/, gui-tár /gɪ-tá:r/

　日本語を母語とする私たちが「速さ」という単語に日本固有の「やまとことば」らしさを感じとり，「速度」に「漢語らしさ」を感じるのと同じように，英語のネイティブはアングロサクソン系の単語とそうでない単語を直感的に区別することができるのだろう。

6.2.3 強勢位置と品詞

強勢位置を予測するうえで**品詞**も判断材料となる。英語の場合，強勢パターンを品詞ごとに整理してみると，大きく分けて名詞グループと動詞グループに分けることができる。一般的な傾向として名詞は語末から2番目の音節に強勢が付与されるのに対し（例：cónflict（闘争），húsband（夫）），動詞は語末位置に強勢が付与される傾向にある（例：commánd（命令する），predíct（予想する））。この違いが顕著に現れるのが名詞と動詞が同一の形をしたrecord や present の2音節語群である。名詞は第1音節（つまり語末から数えると2番目の音節）に強勢が付与されるのに対し，動詞は第2音節（つまり語末）に付与される（récord（記録）vs recórd（記録する），présent（贈りもの）vs presént（提示する））。ただし，2音節名詞の8割以上がこの原則に則った傾向を示すのに対し，動詞はそれほどまで強い傾向を示すことはなく，5割弱程度にとどまっていると主張する研究者もいる（Hammond (1999: 194)）。また，2音節からなる形容詞は名詞同様に8割程度のものが語頭（つまり語末から2番目の音節）に強勢が付与される（例：hónest（正直な），pérfect（完璧な））。

名詞と動詞のどちらの場合も，本来強勢が付与されるはずの位置に軽音節（CV）がある場合，語内の重音節（CVC, CVV）に強勢位置が移動する傾向がある。つまり，軽音節よりは強勢を担う資格を有する重音節に強勢が移動するというわけだ。2音節からなる名詞を例にみてみると，(5) に示してあるように，語末から2番目の音節が軽音節の場合，強勢が右隣りの重音節（つまり語末）に移動する。

(5)　*bá-lloon　→　ba-llóon /bə-lúːn/
　　　*má-chine　→　ma-chíne /mə-ʃíːn/
　　　*pá-rade　→　pa-ráde /pə-réɪd/

3音節以上の名詞についても，語末から2番目の音節に強勢が付与されるという原則は2音節語と同じである（例：diploma /dɪ.plóʊ.mə/, horizon /hə.rái.zən/, tomáto /tə.méɪ.toʊ/）。ただし，その位置が軽音節の場合は，左隣りの音節に強勢が移動する（つまり語末から3番目の音）（例：có-me-dy /ká.mə.di/, cús-to-dy /kʌ́s.tə.di/, ví-ta-min /vái.tə.mɪn/）。3音節の名詞の実に9割はこの法則に当てはまるといわれている。ただし，地名の場合は，語末から2番目の音節にある強勢を保持する傾向が強く，仮にその位置が軽音節であったとしても，ほかの重音節に

強勢が移動することはほとんどない（例：Ken-túck-y, Mon-tá-na, Cin-cin-ná-ti）。なお，名詞のうち，語末に強勢が付与されることは一部の借入語では観察されるものの（例：in-tel-léct, ma-rio-nétte），一般的には稀なことである。

3音節以上からなる動詞についても語末から優先的に強勢が付与されるという原則は2音節の動詞と同じである（例：en-ter-táin）。仮にその位置が軽音節の場合は，語末から2番目の音節に強勢が移り，さらにもし語末から2番目の位置も軽音節の場合はさらに左に強勢が移動し，その結果，語頭の位置に強勢が付与されることになる（例：á-tro-phy, ré-me-dy）。もともと3音節以上からなる動詞は数が限られていることから，以上の原則で3音節以上の動詞の9割以上の語の強勢位置が説明できるとされている（Hammond (1999)）。

6.2.4　強勢位置と綴り

強勢位置を予測するうえで，綴りも手掛かりとなるという記述は多くの参考書でみられる。代表的なものとしては，語末の綴りが -ow の単語は，ほとんどが第1音節にアクセントが付与される（例：búngalow, fóllow, sórrow）[1]。さらに，語末が以下の (6) にあげたいずれかの綴りの場合，強勢はそれぞれの綴り箇所の直前の音節に付与される[2]。

(6)　-ia　　**Ás**-ia, a-**phás**-ia, poly-**né**-sia
　　　-ial　　i-**nít**-ial, of-**fíc**-ial
　　　-ian　　li-**brár**-ian, pho-ne-**tíc**-ian
　　　-io　　**pát**-io, **rát**-io
　　　-ion　　co-**hés**-ion, **lés**-ion, o-per-**át**-ion
　　　-ious　　**nóx**-ious, ob-**nóx**-ious
　　　-ium　　**hél**-ium, a-**quár**-ium

以上，1つの形態からなる単語の強勢付与については (7) の5項目に簡潔にまとめることができる。

(7)　a. 重音節が軽音節よりも優先的に強勢を担うことが多い。
　　　b. アングロサクソン系の単語は語末から2番目の音節に強勢が置かれやすい。

---

1)　ただし，belów, tomorrów などの例外はある。
2)　いずれも「語末から2つ目の音節に強勢」という原則に則っている。

c. 名詞：語末から 2 番目の音節に強勢が置かれる傾向にある。
d. 動詞：語末位置に強勢が置かれる傾向にある。
e. 語末の綴りによって強勢位置が決まる場合がある。

もちろん上記にあげたポイントはあくまでも英語の強勢に関する傾向を示すものにすぎず，例外はいくらでも見出すことができる。ただ，言語学者 D. Jones の以下のことばほどに「悲観的な」事態ではないことは確かなようだ（Jones (1956: 920)）。

"Generally speaking, there are no rules determining which syllable or syllables of polysyllabic English words bear the main stress. The foreign student is obliged to learn the stress of each word individually."
（概して，英語の多音節語のどの音節が強勢を担うのかを決定する規則は存在しないといえる。外国語として英語を学ぶ者は個々の単語ごとに強勢を覚えるしかない。）

次節では，複数の形態から構成されるもののうち，接辞と語幹からなる単語の強勢位置について取り上げる。

6.3 派生形態素の強勢

本節では，派生形態素と強勢の関係を中心に解説していく。まずは派生形態素について簡単に図 6.2 に整理しておこう。

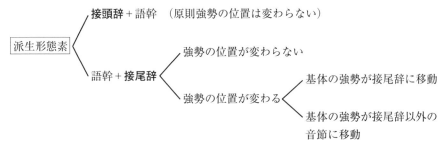

図 6.2 派生形態素と強勢

派生形態素は，基体の前に付加される接頭辞とその後ろに付加される接尾辞の 2 種類にさらに分類される。接頭辞は原則として強勢に関与することが少ないこ

とから，図 6.2 においては接尾辞のほうのみをさらに 2 つのグループに分類して
ある。1 つ目のグループは，強勢移動をともなわず，語幹もしくは基体の強勢位
置を保持する接尾辞からなり，第 2 のグループは，強勢移動をともなう接尾辞か
らなる。この強勢を変える接尾辞は，さらに 2 分類でき，語幹（や基体）の強勢を
接尾辞自身に移動させるタイプと，接尾辞以外の音節に移動させるタイプとに分
かれる。

　接頭辞の中にももちろん強勢移動を引き起こすものがある（例：fámous vs ínfa-
mous）。しかし，もともと英語の強勢は 6.2 節でも触れたとおり，語末を起点とし
て決定されることから，接頭辞が付加されることでもとの単語の強勢が移動する
ケースは稀である。先行研究による報告では，接頭辞が付加されることでもとの
単語の強勢位置が移動するものは約 1 割程度にすぎないとされている（Teschner
and Whitley（2004: 40））。さらに，品詞変化についても，5.3 節ですでに詳しくみ
たように，en-，be-，de- など一部の例外を除き，接頭辞が積極的に品詞変化に関
与することは珍しく，変化の主な担い手は接尾辞のほうである。このようにみて
いくと，接頭辞と接尾辞の違いは，単に語幹や基体の前に付加されるのか，後ろ
に付加されるのかといった付加位置の違いだけで片づけられるものではないこと
がわかる。それぞれ異なった機能を持ち合わせており，接頭辞はそれが付加され
ることにより，もとの単語の意味に変化をもたらすが，派生語の品詞はもとの単
語と基本的に同じである（例：kind（親切な［形容詞］）vs **un**kind（不親切な［形容
詞］））。これに対し，接尾辞は主に品詞を変えるが，意味を大きく変えることはな
い（例：kind（親切な［形容詞］）vs kind**ly**（親切に［副詞］））（詳細は 5.3 節参照）。

　なお，接頭辞も接尾辞も，決められた特定の品詞にしか付加することができな
い。このような付加相手に関する制限を選択制限（selectional restriction）という。
たとえば，すでに 4.1 節でもみたとおり，polarize は名詞 pole からいきなり *polize
を形成することはできず，(8) に示したように pole から一度形容詞 polar へ派生さ
れ，その後さらに動詞 polarize となる。加えて，否定の意味を表す接頭辞 de- は，
名詞や形容詞に直接付加することはできず（*depole，*depolar），動詞形 polarize
にしか付加することができない。

(8)　[pol(e)]ₙ　名詞
　　　[[pol(e)]ₙ ar]ₐ 名詞＋形容詞形成接尾辞
　　　[[[pol(e)]ₙ ar]ₐ ize]ᵥ　[名詞＋形容詞形成接尾辞]＋動詞形成接尾辞

[de [[[pol(e)]ₙ ar]ₐ ize]ᵥ]ᵥ　否定接頭辞＋［名詞＋形容詞形成接尾辞
　　　　　　　　　　　　　　　　　＋動詞形成接尾辞］

（N＝名詞，A＝形容詞，V＝動詞）

（8）にあげた例の中では，-ar という形容詞形成接尾辞が含まれているが，英語の形容詞形成接尾辞はこのほかにも -al や -ic など複数存在する。しかし，これらがすべて無条件で名詞に付加できるかといえば実はそうではなく，たとえば（8）のpole に -ar の代わりに -al や -ic をつけることはできない（*polal，*polic）。また，-ar は pole にはつくけれども，post や season などの名詞には直接つくことができない（*postar，*seasonar）。同様に，-ic もこれらの名詞に直接つかないが（*postic，*seasonic），-al であればつくことができる（postal, seasonal）。

　さらにややこしいことに，poet など一部の名詞は，-al が単独で直接付加することは許さないが（*poetal），-ic がついた後であれば付加を認める（poet-ic-al）。なかには -ic を単独で付加する形を認めるとともに，-ic と -al の２つの接尾辞を使って派生形をつくる相当欲張りな名詞もある。このような欲張りな名詞の代表格としては受験でおなじみの classic（模範的，伝統的）－classical（古典文学の，古典派の），economic（経済の）－economical（倹約な），historic（歴史上有名／重要な）－historical（歴史に関する）などがあげられる。いずれも，同じ形容詞でありながら，それぞれのペア間で微妙に意味が異なるので注意しよう。ちなみに，-ic, -al ともに形容詞を形成するという役割は同じなので，どういう順番で付加してもよさそうなものだが，class＋ic＋al の順番は許されるが，その逆の順番は許されない（*class＋al＋ic）。

　このように，接辞はかなり付加する「相手」を吟味しており，接辞同士の間にすら付加に関する厳密な順序が存在していることがわかる。次節では，この点についてさらにみていく。

6.4 派生形態素の２つのグループ

　接辞が一定の順序に従って付加されるということは，経験的に多くの人たちが気づいているはずだ。つまり，先に付加できる接辞と，後からでないと付加することができない接辞とがあり，音韻論や形態論では前者をクラスⅠ接辞（ClassⅠ affix），後者をクラスⅡ接辞（ClassⅡ affix）という２つのグループに分けて考えて

いる。（Allen（1978））。表 6.2 にそれぞれのグループの代表的な接頭辞および接尾
辞をあげておく。

表 **6.2**　クラスⅠ，クラスⅡ接辞例

	クラスⅠ	クラスⅡ
接頭辞例	be-, con-, de-, in-, pre-, sub- など	anti-, dis-, non-, semi-, un- など
接尾辞例	-(i)al, -ic, -ity, -ive, -ize, -ous など	-ful, -hood, -ist, -less, -ness, -ship など

　以下，クラスⅠとクラスⅡの特徴についてそれぞれ詳しくみていくことにしよ
う。まず，付加する相手についてみると，2 つのグループにおいて一番異なる点
は，クラスⅡの接辞はクラスⅠの接辞を含む基体に付加することができるのに対
し，クラスⅠ接辞は，クラスⅡの接辞を含む基体には付加することができないこ
とである。具体例をみてみよう。

(9) a. product　＋ive＋ness　　　　　　　　　　　　→ product-ive-ness
　　　　［基体　＋クラスⅠ形容詞形成接辞］＋クラスⅡ名詞形成接辞

　　b. *product＋ful＋ity　　　　　　　　　　　　　→ *product-ful-ity
　　　　［基体　＋クラスⅡ形容詞形成接辞］＋クラスⅠ名詞形成接辞

　　c. non　　　　　＋　in　　　　＋　dependent　　　→ non-in-dependent
　　　　（クラスⅡ）　　（クラスⅠ）　　基体

　　d. *in　　　　　＋　non　　　＋　dependent　　　→ *in-non-dependent
　　　　（クラスⅠ）　　（クラスⅡ）　　基体

　まず，接尾辞からみていく。(9a) と (9b) を比べると，(9a) では，product にクラ
スⅠの形容詞形成接尾辞 -ive を加えて productive という形容詞が形成される。そ
こに，さらにクラスⅡ名詞形成接尾辞 -ness を加えると productiveness という単語
ができあがる。この場合，基体の名詞にクラスⅠ接辞がまず付加され，その後に
クラスⅡ接辞が付加されるので問題はない。これに対し，(9b) では，同じく prod-
uct という名詞に形容詞形成接辞と名詞形成接辞を付加するのだが，クラスⅡ接辞
である -ful が付加された後にクラスⅠ接辞 -ity を付加しようとしても認められな
い（*productfulity）。同様のことが接頭辞にも当てはまる。(9c) のように，基体に
クラスⅠの接頭辞 in- が付加された independent にさらにクラスⅡの接頭辞 non- が
付加されることは問題ない（non-independent）。しかし，(9d) のようにクラスⅡの
接頭辞が基体に付加されたところにクラスⅠの接頭辞を付加することはできない

(*innondependent)。このように，クラスＩ接辞の後にクラスⅡ接辞を付加することはできても，ⅡからＩに逆戻りする形での付加は認められない。

　また，強勢移動をはじめとした音韻変化が起きるか起きないかという基準もクラスＩとクラスⅡの接辞を区別する際の基準となる。クラスⅡの接辞は強勢移動には原則として関与しない（例：chíld-chíldhood, húmor-húmorless, kíng-kíngdom, réal-réalist）。これに対し，クラスＩの接辞が付加される際には一般的に強勢移動をともなう（例：ácid-acídity, céremony-ceremónial, próspect-prospéctive, réal-reálity）。接尾辞は強勢に関与するものとしないものとがあるというのはすでに図6.2でも触れたが，強勢に無関与の接辞のほとんどはクラスⅡに属し，強勢に関与する接辞はほとんどがクラスＩに属す。

　強勢移動をともなう接辞は，もとの単語の強勢を自身に移動するものと，もとの強勢を自身以外の音節に移動するものとにさらに分かれる（図6.2参照）。自身に強勢を引き寄せる接辞はほとんどがフランス語由来のもので，-aire, -ee, -eer, -elle, -esce, -ese, -esque, -ette, -ique などを含む（例：doctrináire, trustée, engingéer, mademoisélle, acquiésce, Japanése, picturésque, kitchenétte, techníque）。これに対して，自身以外の音節に強勢を移動させる接辞は，さらに語末から2つ目の音節に移動する接辞と，語末から3つ目の音節に移動する接辞との2グループに分けることができる。それぞれの代表的な接辞を表6.3にまとめておく。

表6.3　自身以外の音節に強勢を移すクラスＩ接辞

語末から2つ目の音節に強勢移動する接辞群の例	-cent (adoléscent), -cial / tial (benefícial), -cian / tian (beautícian), -cious / -tious (judícious), -ctive (prospéctive), -gian (Norwégian), -geous / gious (advantágeous), -sian (Parísian), -tion (obligátion)
語末から3つ目の音節に強勢移動する接辞群の例	-cracy (démocracy), -icide (infánticide), -ify (solídify), -ity (masculínity), -ography (photógraphy), -ographer (photógrapher)

ここまでくると，接辞と強勢の関係は煩雑すぎて理解不能，となかば諦めかけている読者もいるかもしれないが，心配ご無用。手っ取り早く両者の関係を把握したい場合は，（10）にあげた4接辞を覚えておけばよい。これら4つの接辞は，私たちが普段触れる機会の多い単語の実に9割もの強勢移動現象に関与しているという報告がなされている。これらさえ覚えておけば，強勢移動をともなう接辞に

ついては少なくとも日常生活において困ることはまずないはずだ（Teschner and Whitley（2004: 33））。

(10) 語末から 2 つ目の音節に強勢移動
　　　-tion：régulate＞regulátion, tránslate＞translátion
　　　-ic(s)：dráma＞dramátic, scíence＞scientífic
　　語末から 3 つ目の音節に強勢移動
　　　-al：índustry＞indústrial, pólitics＞political
　　　-ity：creátive＞creatívity, dúrable＞durabílity

　なお，生産性については，クラス I の接辞のほうが固定的で新しい語を生み出す力が弱いのに対し，クラス II の接辞のほうは生産性が高く，新しい語を生み出す力が強い。上述の否定の意味を表す non- と in- を比べても，前者は non-Japanese（名詞），non-selfish（形容詞），non-slip（動詞）などさまざまな品詞に付加することが可能だが，in- の場合は，もともとラテン語系の形容詞およびその形容詞から派生した名詞や副詞に付与されていたため，付加する相手は non- に比べると限定的である。

　以上みてきたように，クラス I とクラス II の接辞の特徴を，付加する相手と強勢移動の有無，そして生産性の観点からまとめると表 6.4 のようになる。

表 6.4　クラス I，クラス II 接辞の特徴

	クラス I	クラス II
接辞を含まない語基への付加	○	○
クラス I の接辞を含む基体への付加	○	○
クラス II の接辞を含む基体への付加	×	○
強勢移動	○（原則あり）	×（原則なし）
生産性	×	○

　さらに，クラス I とクラス II の接辞は，表 6.4 にまとめた以外にも，異なった音韻特性を示す。簡潔にいうと，クラス I 接辞は音韻変化を起こすが，クラス II 接辞は音韻変化を起こさない。

表6.5　クラスⅠとクラスⅡの接辞の音韻特性

音韻変化	クラスⅠ	クラスⅡ
同化	○（例：possible-impossible）	×（例：pleasant-unpleasant）
短母音化	○（例：sane-sanity）	×（例 bane-baneful）
摩擦音化	○（例：decide-decision）	×（例：oxide-oxidize）
軟口蓋音軟化	○（例：electric-electricity）	×（例：picnic-picnicking）

まず表6.5の同化（assimilation）からみていこう。同化とは，「ある音xが，隣接あるいは近隣する音yの影響を受けて，yと同じか似た音に変化する」現象のことをいう（『英語学・言語学用語辞典』より）。つまり，同化とは近接音の影響による音韻変化のことである。4.5節では，屈折形態 -s や -ed が基体の語末子音の有声性と一致して発音されることを紹介したが，これも一種の同化現象とみなすことができる（例：cats, dogs）。表6.5にあるように，クラスⅠの in- も，クラスⅡの un- も，ともに基体の意味を否定する接辞であり，かつ母音＋鼻子音 /n/ で構成されている。このように共通点の多い in- と un- だが，前者は近接する基体の語頭に応じて同化するのに対し，後者は同化しない。このことを（11）の例に基づいて詳しくみてみよう。

(11)　a.　in + possible　　→　　impossible

　　　b.　in + legal　　　　→　　illegal

　　　c.　in + regular　　　→　　irregular

　　　d.　in + formal　　　→　　informal

　　　e.　un + pleasant　　→　　unpleasant（*umpleasant）

　　　f.　un + leash　　　　→　　unleash（*ulleash）

　　　g.　un + ready　　　→　　unready（*urready）

　　　h.　un + fold　　　　→　　unfold

（11a～c）では，接頭辞 in- の /n/ が基体の語頭位置の音の影響を受けて音韻変化を起こしている。（11a）では，隣接する基体の語頭 /p/ の影響を受けて，/n/ が /p/ と同じ調音位置をもつ /m/ に変化し，impossible となる。（11b）では，隣接する基体の語頭 /l/ の影響を受けて，/n/ が /l/ に変化し，illegal となる。（11c）では，隣接する基体の語頭 /r/ の影響を受けて，/n/ が /r/ に変化し，irregular となる。/p/, /l/, /r/ 以外の音が隣接する場合は，（11d）にあるように本来の /n/ のまま具現化される。

このように，in- は後続する音に応じて発音も綴りも変化するのに対し，un- の場合は，基体の語頭音が何であれ，びくともせずに un- を貫き通す（(11e ～ h)）。

　同化のほか，クラスⅠの接辞は，sane /sein/ → sanity /sǽniti/ のように基体の二重母音を短母音にし，また，decide /disaid/ → decision /disiʒən/ のように閉鎖音 /d/ を摩擦音 /ʒ/ にする。さらに，electric /ilektrik/ → electricity /ilɛktrisiti/ のように，クラスⅠの接辞は軟口蓋音 /k/ を /s/ にも変化させる。これに対し，クラスⅡの接辞では，これらのどの音変化も起こさない。

　多くのネイティブは知らない単語に出会った際にも，派生形態の知識を駆使しながら，その単語のおおよその意味を導き出す習慣があるのだろう。その証拠に，紛らわしい単語については極力使用を控え，誤解のない表現で言い換える工夫をしている。たとえば inflammable という単語は一見すると，flame（燃え上がる）という動詞の前後に否定の接頭辞 in- と，「できる」の意味の接尾辞 -able が付加されているようにみえる。そういうことであれば，「燃え上がらせることができない」つまり「燃えない」と解釈できるのだが，実際，この単語は「燃えやすい，可燃性」という真反対の意味をもつ。「燃えない」と思っていたものが実は「燃えやすい」性質をもっているのだから工事現場で意味を取り違えたら大変なことになってしまう。そこで，工業英語では inflammable の使用は控え，flammable を一般的に使用するようにしている。このような配慮が必要なのは，やはり無意識のうちに多くのネイティブが派生形態に関する知識を活用させながら単語の意味を考えているからであろう。

7

複合語：形態編

7.1 複合語とは何か

複合語（compound）とは，複数の単語を組み合わせた語のことをいう。たとえば，black-board（黒板）という複合語では，black（黒い）と board（板）の 2 つの語が組み合わされている。このように，複数の要素からできているという点で，複合語は屈折形態素（inflectional morpheme）をともなった語や派生形態素（derivational morpheme）をともなった語と似ている。たとえば, looked は動詞 look（見る）に屈折形態素の -ed が組み合わさっているし，wonderful も名詞の wonder（驚き）に派生形態素の -ful が組み合わさっている。

(1) a. look-ed　（見た）
　　 b. 自由形態素–屈折形態素
(2) a. wonder-ful　（すばらしい）
　　 b. 自由形態素–派生形態素
(3) a. black-board　（黒板）
　　 b. 自由形態素–自由形態素

(3)が本章で取り上げる複合語の例である。(1)〜(3) のいずれの場合も単語全体が 2 つの形態素から構成され，これらの例ではいずれも先行する形態素が自由形態素（free morpheme）となっている。自由形態素とは，ほかの形態素の助けを借りずに, その語を単独で使うことのできる形態素である。よって (1)〜(3) の 1 つ目の形態素は (4) のようにそれぞれ単独の単語として使うことができる。

(4) a. They will <u>look</u> on the bright side.
（彼らは状況の好ましい面に目を向けようとするだろう。）

b. It is no <u>wonder</u> that you failed in the exam.
（あなたが試験に不合格だったのも不思議ではない。）

c. My favorite color is <u>black</u>.
（私が好きな色は黒だ。）

これに対し，連結されている形態素の 2 つ目を単独で使えるのは (3) の場合だけである（cf(5)）。

(5) This metal <u>board</u> is excellent in heat resistance.
（この金属の板は，耐熱性に優れている。）

(1) の過去形の形態素 -ed や (2) の名詞から形容詞を派生する形態素 -ful は，どのような形であれ，単独の単語として用いることはできない。(3) のように，複数の形態素が連結された単語で，なおかつそれぞれの形態素がいずれも自由形態素である場合，その単語は複合語とよばれる。

複合語では，少なくとも 2 つの単語が連続して現れ，1 語のように振る舞うことになる。2 つの単語（あるいは 2 つ以上の単語）は，いろいろな組み合わせの可能性がある。名詞が形容詞，動詞および別の名詞と組み合わさって複合語を形成している例を (6) にあげる。

(6) a. 動詞＋名詞：cookbook（料理本），playboy（遊び人），push-button（押しボタン）
b. 形容詞＋名詞：blackbird（クロウタドリ），grandmother（祖母），real estate（不動産）
c. 名詞＋名詞：bar code（バーコード），bathroom（浴室），eye-witness（目撃者）

複合語は，そもそも単独で使える単語の連続からできているので，bar code のように通常の独立した 2 つの単語同様，単語間にスペースを含めて綴ることができる。また，eye-witness のようにハイフンでつなげる場合や cookbook のように完全に 1 語化して綴る場合がある。

では 2 つの単語が連続している場合，どうやってそれが修飾関係にある別々の語ではなく，複合語であるとわかるのだろうか。この問題を考える前に，複合語全体の品詞を決めるのが複合語の一番右側にくる単語の品詞であることをまず確認しておこう。(6a) の「動詞＋名詞」と (6b) の「形容詞＋名詞」という組み合

わせの場合，全体の品詞を決めているのは右側の名詞であることは，(7)にある例文からわかる。

(7) a. I used to have a lot of <u>cookbooks</u> as a dietician. ［動詞＋名詞＝名詞］
（栄養士として，沢山の料理本をもっていたものだ。）
 b. My <u>grandmother</u> worked at a high school cafeteria. ［形容詞＋名詞＝名詞］
（祖母は，高校の食堂で働いていた。）

それぞれ下線部の単語は名詞しか許容されない位置（主語位置と目的語位置）に現れている。つまり，「動詞＋名詞」で複合語全体が名詞になり，また「形容詞＋名詞」でも複合語全体で名詞になっている。

また (6c) の「名詞＋名詞」の場合，名詞同士の組み合わせのため，どちらが品詞を決定しているのか品詞だけからでははっきりとしないのだが，複合語全体の意味を考えた場合，決定権は右側の名詞にあることがわかる。bar code（バーコード，縞模様状の識別子）は，たくさんの bar（縞）からできている code（暗号）であって，code でできた bar（＝「暗号でできた縞」）のことではない。eye-witness は eye（目）で現場をみた witness（証人）であって，witness の eye（＝「証人の目」）のことではない。

このことを念頭にいろいろな品詞の組み合わせによる複合語をみてみると，ほとんどの場合，（分かち書きをしてもしなくても，あるいはハイフンを使っても使わなくても）複合語として使われているのか，別々の単語として用いられているのかを文法的な情報から容易に判断することができる。

(8) a. tax-exempt （税金を免除された）［名詞＋形容詞］
 b. baby-sit （ベビーシットする）［名詞＋動詞］

たとえば (8a) の「名詞＋形容詞」の場合，通常の句であれば形容詞を前から修飾することができるのは副詞であって名詞ではないため（例：*completely* exempt from...），名詞の tax（税）が形容詞の exempt（免除された）の前にきている tax-exempt は複合語であるとわかる。また，(8b) の baby-sit でも，一般的に，動詞を前から修飾することができるのは副詞なので（例：*always* sit on...），名詞の baby（赤ちゃん）が動詞の sit（面倒をみる）の前にきている baby-sit は「名詞＋動詞」からなる複合語であることがすぐにわかる。

　Huddleston and Pullum（2002: 1644）が指摘するように，句なのか複合語なのかが
わかりにくいのは，複合語全体の品詞や意味を決める右側の単語に名詞が選ばれ
ている場合である。

(9)　a. cotton-plant（綿工場），greenhouse（温室），sweetheart（恋人）
　　　b. cotton shirt（綿でできたシャツ），green house（緑色の家），sweet taste（甘い味）

(9a）が複合語の例で，(9b）は単に 2 つの単語が連続し，前の単語が後ろの名詞を
修飾している例である。いくつかの観点から 2 つを区別することができる。1 つ
目は分かち書きで，複合語の場合は連続する単語の間にスペースを入れないか
（greenhouse）ハイフンでつなぐ（cotton-plant）ことが多い。2 つ目は，先行する単
語に対する修飾の可能性の違いで，複合語の場合，先行する単語をさらに別の単
語で修飾することができない。たとえば複合語の greenhouse（温室）の場合，green
の部分だけを修飾する意図で unusually bright を入れ *an unusually bright green-
house とすることはできない（複合語全体の greenhouse を修飾する読みは可能）。
これに対し，単語の連続の場合には，先行する単語を形容詞や副詞でさらに修飾
することが可能である。たとえば，an [unusually bright green] house（[異様に明る
い緑色の] 家），a [very much sweet] taste（[とても甘い] 味），an [Egyptian cotton]
shirt（[エジプト綿でできた] シャツ）などがそうした例となる。3 つ目は，連続す
る単語の強勢の違いである。詳細は第 8 章で取り上げるが，複合語の場合，前の
単語だけに強勢が置かれ（例：gréenhouse（温室）），「形容詞＋名詞」という連続で
はそれぞれの単語が独自に強勢をもつ（例：gréen hóuse（緑色の家））。
　英語の複合語のやや特殊なグループとして新古典派複合語（neo-classical com-
pound）があげられる（Huddleston and Pullum（2002: 45））。新古典派複合語とは，複
合語の一部に連結形（combining forms）とよばれるギリシャ語あるいはラテン語
系の形態素を含む複合語のことである。新古典派複合語には，含まれる 2 つの形
態素がともに連結形であるもの（例：astro-naut（宇宙飛行士）や auto-crat（独裁者）
それに psycho-logy（心理学））と，2 つの形態素のどちらか一方のみが連結形であ
るものとがある。前部要素が連結形，後部要素が基体（base）となる例として，
aero-space（航空宇宙）や micro-chip（マイクロチップ）それに pseudo-science（偽科
学）がある。新古典派複合語に含まれる neo-classical（新古典派）という用語そのも
のも，前が連結形で後ろが普通の基体となる例に属する。これに対し，後部要

素が連結形となる例にはaddresso-graph（宛名印刷機）やinsect-icide（殺虫剤）それ
に speedo-meter（速度計）がある。（10）に代表的な連結形をあげておく。

(10) a. 語の先頭につく連結形
　　　　aer(o)-（航空の），bio-（生物学の），electro-（電子の），eter(o)-（不変の），
　　　　pseud(o)-（偽の），socio-（社会の）
　　　b. 語の最後につく連結形
　　　　-ectomy（切除），-icide（殺害），-(o)acrat（支持者），-(o)graph（記録），
　　　　-(o)logy（学問），-phone（音）

　ほとんどの連結形はほかの形態素と独立して単独の形で用いることができな
い。この点で連結形は，屈折形態素や派生形態素のような接辞（affix）の性質を示
すといえる。それでも連結形を接辞ではなく基体であるとみなすのはなぜだろう
か。
　まず，連結形同士が結びついて複合語を構成する場合（例：astro-naut（宇宙飛行
士），biblio-phile（愛書家），osteo-path（整骨医）），連結形を接辞であると考えてし
まうと，これらの複合語には基体がないといわなければならなくなる。しかし，
複合語は本来複数の「基体」をつなげてつくるものであるから，これらの場合，
基体同士が連結されて複合語をなしているといったほうが合理的である。また，
連結形の多くは純粋な接辞を追加することでさらに大きな派生語をつくることも
できる（例：an-emia（貧血），aqua-tic（水中の））。
　たしかに，連結形は，ほかの（純粋な）自由形態素と結合すると接辞であるか
のようにみえる（例：micro-card（マイクロカード），micro-chip（マイクロチップ），
micro-circuit（超小型回路））。しかし，たとえば micro- は自由形態素と結合するほ
か，-cosm のような自由形態素ではない連結形と派生語をつくる（例：micro-cosm
（小宇宙））。このことから，連結形はやはり接辞とは区別する必要がある。

7.2　複合語前後の文法と意味関係

　複合語は，2 つの自由形態素 A と B が，A-B という形で連結して 1 語となる単
語である。では意味的にもとの単語である A と B は，複合語の A-B とどのよう
な関係になるであろうか。上述のとおり，一般的に複合語 A-B において，B が語

全体の意味の中心になる。したがって問題は A–B という複合語と B との意味関係と換言できる。A–B と B はどのような意味関係になるであろうか。多くの複合語の場合 A–B は，もとの単語 B に対して下位語 (hyponym) になる[1]。

　wall-flower（アラセイトウ）という複合語の場合，それは flower の部分集合である。flower には wall-flower 以外に rose（バラ）や tulip（チューリップ）も含まれるが，間違いなく wall-flower は flower のメンバーである。bulldog（ブルドッグ）とdog も同じ関係にある。名詞だけではなく形容詞や動詞の複合語も B の下位語となる。paper-thin は「紙のように薄い」という意味の形容詞であるが，その意味はthin「薄い」を前提としているし，hand-wash（手洗いする）という動詞は wash「洗う」を前提としている。

　しかし，次の例にみられるように，すべての複合語がもとの単語に対して下位語となるわけではない。

> (11)　hotshot（やり手），glowworm（ツチボタル），cholesterol-free（コレステロールの入っていない），sunset（日の入り），breath-taking（息をのむような）
>
> （Huddleston and Pullum (2002: 1645)）

たとえば glowworm（ツチボタル）は，worm が通常意味する「ミミズのような生き物」の一種ではない。cholesterol-free（コレステロールが入っていない）は，もとの形容詞 free が意味する「自由な」とは意味が少し異なる。この場合の free はfree from（〜が使われていない）という意味での free の用法（の一種）である。sunset は，いかなる意味でも set ではないし，breath-taking（息をのむような）という形容詞の場合，そもそも，もとの形の taking を単独で形容詞として用いることはできない。これらの例においては，単語全体の表す意味が，その構成素それぞれの意味を単に合算して導き出せるわけではない。このような特徴を語彙化 (lexicalization) という（1.4 節参照）。語彙化にはネイティブの複合語に関する意味理解の直感が深く関与している。

---

1)　下位語とは，より一般的な意味を表す単語に対して，それよりも特定的な意味を表す単語のことである。たとえば，daffodil（ラッパズイセン），rose（バラ）そして tulip（チューリップ）は flower（花）の下位語であり，alsatian（シェパード），cocker-spaniel（コッカースパニエル）または poodle（プードル）は dog（犬）の下位語となる（Huddleston and Pullum (2002: 1645)）。つまり，flower は，その部分集合として daffodil，rose そして tulip の集合を含み，dog も alsatian，cocker-spaniel そして poodle をその部分集合として含む。

A–B という複合語の意味の中心が B であるということは，B が主で，A がそれを助ける関係なので，A は B に対して従属的（subordinative）な関係になっている。たとえば，birdcage（鳥籠）という複合語では cage が意味の中心になり，bird は cage を助けている（birdcage は籠であって鳥ではない）。反対に cage-bird（籠の中で飼う鳥）では bird が意味の中心であり，cage が bird に対して従属的である。これに対し，数こそ少ないが，A と B とがこのような従属関係ではなく等位関係（coordinative）になることがある（Huddleston and Pullum（2002: 1646））。この場合，A と B は対等の関係で，どちらが主とか従とかいう意味関係にならない。たとえば，secretary-treasurer といえば，秘書と財務責任者を兼ねる人物のことで，秘書でもある財務責任者（財務責任が主たる任務である）という意味にはならない。secretary と treasurer が対等の関係になっているのである。bitter-sweet（苦くもあり甘くもある）や cook-chill（調理済みで冷凍してある）も同様に対等の接続の関係にある。

（6）でもみたように，A–B という複合語では，さまざまな品詞の組み合わせが可能だと予測され，また事実さまざまな組み合わせの複合語が存在する。

（12）名詞–名詞　bar code（バーコード），bathroom（浴室），eye-witness（目撃者）
　　　名詞–動詞　gunfire（発砲），handshake（握手），home run（ホームラン）
　　　動詞–名詞　cookbook（料理本），playboy（遊び人），swimsuit（水着）
　　　形容詞–名詞　bigwig（大物），blackbird（クロウタドリ），grandmother（祖母）
　　　　　　　　　　　　　　　　　　　　　　　　　　　（Biber et al.（1999: 91-92））

中でも英語で一番生産性が高いのは名詞–名詞の形の複合語である。名詞–名詞の形の複合語を例に，もう少し複合語全体の意味と複合語を構成している単語の意味の関係をネイティブの視点から考えてみたい。

（13）eye-rhyme　実際音としては韻を踏んでいないが，綴りでは（目で見る限りは）韻を踏んでいるようにみえること
　　　footpath　（乗り物ではなく）歩いて（足で）通るようにつくられた道
　　　liferaft　人命を救助する目的でつくられたいかだ
　　　　　　　　　　　　　　　　　　　　　（Huddleston and Pullum（2002: 1647））

これらの例でも，A–B という複合語は B の下位語になっている。しかし，A と B，

そして複合語全体の意味の関係は大変複雑である。たとえば eye-rhyme という複合語の意味は，eye と rhyme のそれぞれの意味をつなげただけでは出てこない。eye-rhyme というのは，rough（でこぼこの）と bough（大枝）のような単語の組み合わせのことをいう。つまり，これらの単語は，目で見る限りでは -ough の綴りが共通であることから，一見すると韻を踏んでいるようにみえるが，実際の発音はそれぞれ /rʌ́f/ と /báʊ/ であり，韻を踏まない。このように，目で見る限りでは韻を踏んでいるようで，実際は韻を踏まないことが，eye-rhyme によって言い表されている。目で見た限りでの韻，といった意味になる。しかし，eye と rhyme をどのように結びつけても，簡単には「目で見た限りでの韻」というこの複合語の本来もつ意味を導き出すことはできない。

　同様に，footpath（小道，歩道）は，foot（足）と path（道）という単語でできているが，足と道を意味的にただつないだだけでは「小道」や「歩道」にはならない。liferaft（救命いかだ）でも，語を構成する life（命）と raft（いかだ）から「命を救うために使ういかだ」という意味を引き出すには，命といかだにさらに意味を追加する必要がある。

　こうした複合語とそれを構成する単語との意味関係を規則的に捉え，包括的に類別化して理解することは難しいであろう。むしろ，複合語を構成する個々の単語は，複合語全体が意味する内容へとたどり着くための「目印のようなもの」としてはたらくと理解するほうが現実的である。この「目印のようなもの」の意味を eye-rhyme を例としながらさらにネイティブの感覚を考えてみよう。

　普通 rhyme は，4.4 節でみたように，音節内に含まれる似た音の連続のことを意味するので，本来は目とは関係がない。ところが，この複合語では，ものを見るための部位である（音とは関係のないはずの）eye をあえて rhyme と組み合わせている。eye を組み合わせに入れることにより，目に見えない「音」から，目に見える「綴り」の意味を想起させることができる。つまり eye がつくことで，「聴覚から視覚」への刺激の変換を読み手に知らせることができる。その結果，綴り上ではあたかも韻を踏んでいるようにみえることが eye-rhyme であると理解させる効果がある。さらに，そもそも音でも韻を踏んでいるなら，わざわざ eye をつけることはしないであろうから，音の韻を踏んでいないことも eye-rhyme の意味の一部であるということも理解させることができる。このようなストーリーが eye-rhyme のネイティブの意味のとらえ方であろう。しかし，これだけの情報が背

後に含まれているにもかかわらず，実際言語化されているのは eye と rhyme の 2
語だけである。それゆえ，構成要素 eye と rhyme は，複合語全体の意味を「引き
出す目印」となっているにすぎないということだ。

　A–B という複合語が B の下位語となる例の中で，A にも B にも同じ単語が使わ
れる場合がある。これはとくにアメリカ英語でよくみられる複合語で，最近にな
って使われるようになった。(14) がその代表的な例である(大文字表記の単語に
は強勢が置かれている)。

(14)　a.　I don't need soft drinks. I need a DRINK-drink.　[名詞-名詞]
　　　　　(ジュースではなく「本当の」飲み物，つまりアルコール飲料がほしい。)

　　　b.　I am busy, but not BUSY-busy.　[形容詞-形容詞]
　　　　　(忙しいけど，「本当に」何もできないくらい忙しいわけではない)

　　　c.　I like you, like LIKE-like you.　[動詞-動詞]
　　　　　(あなたが好き。「本当の意味で」好き，みたいに好き。)

こうした表現は語彙複製 (lexical cloning) とよばれる。(14a) は名詞，(14b) は形
容詞，(14c) は動詞の語彙複製である。語彙複製によってつくられた複合語は，や
はり A–B という形式が B の下位語となる。たとえば (14a) の drink-drink では，も
ともとの B にあたる単語の「飲み物」に含まれる「アルコールの入った飲み物」
が意味される。(14b) の busy-busy は，単に「忙しい」ではなく「本当に忙しい」
ことを意味する。語彙複製は，強調のために同じ単語を繰り返しているのではな
く，X を複製することで「いろいろな種類の X があるとしたら，X-X でその典型
となる X」を言い表す。busy といってもそれほど忙しくない場合もあるかもしれ
ない。それに対し busy-busy は，「忙しい中でも busy と形容してふさわしい busy」
という意味になる。(14c) の like-like も同様で，like というのにはいろいろな種類
がある。友達として好きとか，本当は好きではないけれど憎んでいるというほど
ではないので好き，などさまざまな like がありえる。その中で like-like は，「like
ということばを使うのにもっとも適した like」を意味する。(14c) の like-like は動
詞の語彙複製の例であるが，複製された like-like の前に，前置詞としての like (〜
みたいな) が入っているので，音だけ聞くと like が 3 連続するようになる。なお
語彙複製は複合語なので前の単語に強勢が置かれる。語彙複製はネイティブの感
覚をよく反映した英語らしい表現である。

7.3　複合語に関するそのほかの現象

　この節では，これまでに扱えなかった複合語の文法現象の中から，英語学習者にも役に立ちそうな内容を選んでいくつか紹介する。

　まずは，フレーズによる複合語についてみてみよう。

(15) a. He's a <u>has-been</u>.　（彼は過去の人だ。）

　　 b. Don't <u>cold-shoulder</u> us.　（よそよそしい態度をとらないで。）

(Huddleston and Pullum (2002: 1646))

これらの例では，1つのフレーズ全体が複合語となっているだけではなく，複合語全体で品詞の転換（conversion）が起こっている。(15a) の has been は助動詞の連続であるが，これが複合語 has-been となると，品詞が名詞に変わる。このことは，不定冠詞 a に後続していることからわかる。同じことが (15b) の cold-shoulder にもいえる。複合語全体では動詞として機能しているが，複合語を構成する個々の単語の品詞はどちらも動詞ではない（cold は形容詞で shoulder は名詞である）。

　(13) にある例同様，意味的には，(15) のどちらの例でも，複合語を構成する個々の単語が，複合語全体の意味にたどり着く目印として機能しているにすぎない。たとえば，has-been であれば，He has been a jock.（かつては色男だった。）のような表現が思い出され，「かつては輝いていた」といった複合語の意味が想起されることになる。cold-shoulder は，cold が比喩的に使われていて，「その人の肩をみると寒くなる（さみしい思いになる）ような肩」というのが本来の名詞としての意味であろう。そして「そのような肩を人にみせる＝素っ気ない態度をとる」という (15b) での動詞の意味が得られる。しかし，この場合でも，複合語の意味が，複合語を構成する語の意味から自動的に得られるわけではない（つまり，語彙化が進んでいる）。

　(16)は形容詞として品詞転換された複合語の例であるが，この種の複合語は後続する名詞の直前の位置によく現れる。

(16) a. an <u>all-time</u> high　（これまでの最高）

　　 b. <u>hands-on</u> approach　（実践的なやり方）

　　 c. <u>no-win</u> situation　（決してうまくいかない状況）

(16a)の all-time は，「これまでの時代を通したすべての時間の中で」を意味する。
通常 all-time は名詞であるが，(16a) では名詞の high と不定冠詞 a の間で，形容詞
として品詞転換されて用いられている。(16b) の hands-on は，「実際に手にとって
物事を観察することができる」という意味である。本来 hands-on は名詞と前置詞
の組み合わせであるが，ここでは形容詞として機能している。そして (16c) では，
no-win で「勝利がない＝うまくいかない」という名詞が形容詞として品詞転換さ
れて使われている。

　次に複合語がよく使われる場面や複合語の機能を，複合語を使わない場合との
比較から考えてみよう。ここにもネイティブの複合語に対する感覚がよく反映さ
れている。Biber et al. (1999: 192) は，形容詞を用いた複合語の機能をそれに対応
する関係詞節を用いた表現と比較している。

(17) a. In a speech before the ballot, Mr Kavoc — whose career includes a stint as an eco-
nomic adviser to Cuban leader Fidel Castro in the 1960s — said he was in favour of
'socially-oriented' market policies.
（投票前の演説でカヴォック氏は― 1960 年代のキューバの指導者フィデル・カスト
ロの経済政策の助言者として活躍した期間もある人であるが―**社会的指向**の経済政
策に賛成するといった。）

b. 'I agree with the principles of a market economy **which are socially oriented**,' he told
parliament. （NEWS）
（「私は**社会的指向である**ような市場経済原理に賛成である」と彼は国会で発言し
た。）　　　　　　　　　　　　　　　　　　　　　　　　（Biber et al. (1999: 192)）

(17a) はカヴォック氏の発言を編集して文書化したもので，(17b) は同じ発言を
そのままニュースで紹介した文である。太字で示したように，(17a) の文書では複
合語 socially-oriented が後続する market policies を修飾する形になっている。反対
に (17b) の引用では，関係代名詞節 which are socially oriented が先行する market
economy を修飾している。複合語を使った場合には，多くの情報が短い表現の中
にコンパクトに納められる。内容を読み直し，十分に推敲する機会がある書きこ
とばの場合は，よりコンパクトな複合語が用いられ，逆に表現を吟味する時間が
十分にとれない話しことばにおいては，複合語は用いず，より簡単な表現が使わ
れる傾向にある。また意味をコンパクトにまとめた複合語は，書くスペースが限
られている報道記事でも頻繁に用いられる。以下に，この点に関する Biber et al.

（1999: 92）の指摘を（18）にあげる。

（18）Noun compounds are especially common in news writing, where they help to pack a lot
of information into a small space.

（名詞の複合語は報道記事でとくによく用いられる。複合語を使うことで，多くの情報
を小さなスペースに詰め込むことができるからである。）　　　　（Biber et al.（1999: 92））

　次に名詞の複合語の複数形の表し方を，Huddleston and Pullum（2002: 1594）を参
考にしながらみていく。もっとも一般的にみられる複数形は，複合語のうち後続
する名詞に -s がつく形である（例：grown-ups（大人），overcoats（オーバーコー
ト），shopkeepers（小売店主））。これは，後続する名詞が（単独で使われた場合に）
不規則変化を示す場合でも同じだ（例：grandchildren（孫），policewomen（女性警
官），werewolves（オオカミ人間））。しかし，名詞–前置詞（句）や名詞–形容詞と
いう形の複合語の場合，先行する名詞が複数形となることが多い。たとえば，men-
of-war（軍艦）や passers-by（歩行者）では，それぞれ men と passers の部分が複数
形となっている。

　複合語の中には，（19）にあるように前の語が複数形になっても後ろの語が複数
形になってもいい場合がある。

（19）単数形：attorney general　　複数形 1：attorneys general
　　　　　　（法務長官）　　　　複数形 2：attorney generals
　　　単数形：sister-in-law　　　複数形 1：sisters-in-law
　　　　　　（義理の姉妹）　　　複数形 2：sister-in-laws

このような場合，改まった文体では先行する単語が複数形になる形が好まれる（つ
まり attorneys general が attorney generals より好まれる）。

　前後の構成語のどちらを複数形にするかは，複合語を名詞句として解釈するか
どうかで決まる。たとえば，attorney general（法務長官）という複合語の場合，文
法的には attorney という名詞を形容詞 general が後ろから修飾していると分析でき
る（つまり something hot の something と hot と同じ関係になる）。この場合は，at-
torney を中心とする名詞句と解釈していることから attorney が複数形となる。し
かし，語彙化が進み，attorney general のこのような内部構造に対する意識が失わ
れると，attorney general の 2 語が名詞として理解される。この場合，複合語全体

の複数形とみなすので general に複数形の -s がつく。

　品詞転換をともなった句動詞によるおもしろい複合語の例も紹介しておこう。句動詞とは，take after（〜に似ている）や put out（消す）そして turn down（却下する）のように動詞がほかの要素をともなって独自の意味を表す言語表現である。

(20) a. They *spread out* their arms.　（彼らは両腕を広げた。）

　　 b. Their **outspread** arms...　（彼らの広げられた両腕）

(21) a. We are *taking in* more students this year.

　　　（私たちは，今年いつもより多くの学生を受け入れます。）

　　 b. Our **intake** will be four thousand.　（私たちの受け入れ人数は 4000 人です。）

(22) a. The rain *poured down* for hours.　（雨が数時間土砂降りだった。）

　　 b. ...and this **downpour** delayed us.　（この土砂降りで遅れてしまった。）

(Quirk et al. (1985: 1538))

(20a) の文では，spread out（広げる）という句動詞が用いられ，これが (20b) の文では品詞転換されて分詞の形容詞的用法として使われ，名詞の arms を修飾している。おもしろいのはその分詞的形容詞が spread out ではなく，outspread と順番が入れ替わっていることである。(21) では，take in が intake となり，(22) では pour down が downpour になり，名詞に品詞転換している。どうしてこのようなことが起こるのであろうか。

　上述のとおり，複合語 A–B の場合，意味の中心が B になるが，品詞転換にともなう語順の逆転は，この「B が意味の中心」というネイティブの感覚から解釈することができる。たとえば (20a) の spread out では，spread が動詞として機能し，これに続く out が副詞として（文法上は spread とは独立して）機能している。しかし (20b) で全体が形容詞化して「（外に）広げた」という 1 単語になると，意味上の中心 (B) となるのは「広げた」の spread のほうで，「外へ」の out のほうではない。そこで，spread が B, out が A の位置になるよう，順序が入れ替わって out-spread（A–B）になると考えられる。(21a) で使われている take in は句動詞で「受け入れる」という意味である。これも (21b) のように名詞化して複合語の「受け入れ」となると，意味の中心は take となるので，順番が逆転する。同様の説明が (22) にもあてはまる。

8

複合語：音編

複合語とは，第7章でもみたとおり，自由形態素（つまり単独で使える語）が複数連続して現れ，あたかも1語であるかのように振る舞う語群のことをいう。本章では，複合語が「1語として振る舞う」ということが音声特徴の面で具体的にどのように現れるのかを取り上げていく。

8.1 複合語と句

まず単語の構成要素について確認しておくことにしよう。

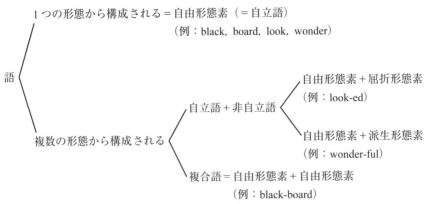

図 8.1 単語の構成要素（形態の種類に基づいて）

図8.1にまとめてあるように，まず単語は大きく分けて1つの自由形態素から構成されるもの（つまり，単独で自立語となるもの）と複数の形態からなるものとに分けられる。複数の形態から構成される語は，さらに自由形態素に屈折もしくは派生形態素が付与されたものと，複合語とに分かれる。後者の複合語には，図

8.1 に示してあるような自由形態素同士の組み合わせ以外に，7.1 節で取り上げた新古典派複合語も含まれる[1]。ただし，本章ではこうした特殊な複合語は対象外とし，自由形態素の組み合わせからなるもののみを取り上げ，その音声特性に着目していく。

もともと英語は複合語が大好きで，スポーツ好きなら baseball（野球）や basketball（バスケットボール）そして football（フットボール）などの単語がすぐに思い浮かぶはずだ。あるいは，昆虫好きなら bumblebee（マルハナバチ）や butterfly（チョウ）や ladybird（テントウムシ），食いしん坊なら cheesecake（チーズケーキ）や hotdog（ホットドッグ）や watermelon（スイカ）など，ごく身近なところに実に多くの複合語が存在していることに気づくだろう。これらの語はいずれも複数の自立語が組み合わさって 1 語として振る舞っているという特徴を有している。

複数の語が「1 語」としてのまとまりを示す「複合語」の特性を，複数の語が「そのまま複数のもの」として機能している「句」と比べながら，意味的ならびに形態的さらには音韻的観点からまとめてみよう。

まず句と複合語のそれぞれの意味的特性とはどのようなものなのだろうか。たとえば (a) white house と (the) White House を比べてみると，前者の意味は 2 つの連続する単語それぞれがもつ意味をそのままつなげることで導き出せる（つまり「白色の家」）。これに対して後者のほうは，単に「白色の家」ということではなく，2 つの語の意味にさらに特殊な意味合いが加わり，（外装はたしかに白い）「アメリカ大統領官邸」の意味となる。つまり，句の意味はそれぞれの語の意味をつなげることで導き出せるのに対し，複合語の意味は構成要素の意味からそのまま導き出せるのではなく，何らかの特殊な意味が加わっているという違いがある。このように複合語がその語独自の意味をもつようになることを語彙化という（1.4 節，7.2 節参照）。

続いて，形態的特性として，句と複合語の綴り方の違いをあげることができる。たとえば，(a) green house（緑色の家）という句の場合，green と house はそれぞれ独立した語であることから，両者をつなげて 1 語として綴るということはない。必ず語と語の間にスペースが入り込んだ形で綴ることになる（このようにスペースを入れて綴ることを分かち書きという）。これに対し，「温室」を意味する green-

---

1)　新古典派複合語には自由形態素に連結形をつなげたもの（例：aero-space, micro-chip など）や，連結形同士をつなげたもの（例：astronaut, psychology など）が含まれる。

house の場合は，1 語として綴られる。ただし，複合語のすべてが必ず 1 語として綴られるというわけではなく，その表記法は大きく 3 種類に分けることができる。すなわち，句と同様に 2 つの単語の間にスペースを含むもの（例：acid rain（酸性雨），back door（裏口）），スペースを含まないもの（例：backyard（裏庭），greenhouse（温室）），さらにはハイフンでつなげるもの（例：all-purpose（多目的の，万能の），trade-in（下取り））がある（7.1 節参照）。このように 3 つの表記法がなぜ存在するかということを，applecart（リンゴ売りの手押車）を例にみてみよう。

　もともとこの語は，apple と cart という 2 つの自立語が互いに独立して用いられていたので，分かち書きされていた。つまり，もともとの形は apple cart であった。やがてこの 2 語が 1 つの意味的まとまりを強め，一緒に使われることが多くなると，両者の強い関係がすぐにわかるようにハイフンでつながれて apple-cart と書かれるようになった。さらに，upset the applecart（計画を台無しにする）といった熟語が誕生するほど意味的にひとまとまりをなす単位として社会に広く認知されるようになると，ハイフンでつなげることすら不必要となり，「正真正銘」の 1 語の姿となった。そうしてできたのが applecart である。もちろん，複合語がすべてこのようなきれいな道順を辿ってきたわけではない。スペースやハイフンを含む時代を経ずに，いきなり 1 語の形で登場した複合語も意外と多い。

　しかし，インターネットが普及し始めた 1990 年代にはハイフンを入れて綴られていた on-line（通信回線に接続されて使える状態，オンライン）が，現在では，ハイフンなしの online になった例をみてもわかるように，「（分かち書き→）ハイフン→ 1 語」というプロセス自体は複合語の変遷としてはごく一般的なものといえる。

　最後に，複合語と句の音韻的な特徴についてみてみよう。とくに注目しておきたいのは，両者を区別する有力な手掛かりとしてアクセント付与が多くの言語において重要な役割をはたしているという点だ。そこで，両者の音韻的な特徴の詳細に入る前に，まずは語とアクセントの関係について確認をしておきたい。

　強勢（強さ）アクセント言語である英語の特徴は，ピッチ（高さ）アクセント言語である日本語とはかなり性格が違うものの，両者の間には共通点もある。ここではとくに両言語に共通している**「1 語に 1 アクセント付与」という原則**に焦点を当てながら，語とアクセントの関係について少し掘り下げてみようと思う。

　英語や日本語に限らず，言語は一般的に語内部に「目立つ」要素（つまり語ア

クセント）を有する。多くの言語に語アクセントが存在するということは，それだけアクセントが音声言語において重要な役割をはたしているということだ。では，アクセントはどのような役割をはたしているのだろうか。つまり，特定の箇所をほかよりも目立たせて発音することで，音声言語にとってどういったメリットがあるのだろうか。その答えのヒントはどうやらロボットの話しことばにありそうだ。

　今でこそ人間らしいことばを話すようになったロボットだが，初期のまだあまり性能のよくない時代のロボットのことばが極めて聞き取りにくかったのはなぜだろう。一番の理由は，単語の切れ目がどこにあるのかがわかりにくかったからだ。すべての音節がアクセントを付与されることなく，ほぼ同じ長さ，強さ，高さで発音されると，単語の切れ目がどこにあるのかが聞き手側で判断しにくい。単語の切れ目がわからないと，意味的まとまりの単位が拾い出しにくく，意思伝達上支障をきたすことになる。ようするに，なぜ多くの言語においてアクセントが存在するかというと，アクセントが付与された「目立つ」箇所を連続音声から聞き分けることで，意味的まとまりを抽出しやすくなるからだ。この「意味的まとまり」としての単位を抽出することこそが，音声言語を理解するうえで重要である。1語1アクセント付与の原則は，1つの意味的まとまりをもつ「語」という単位を拾い出すために大変重要な役割をはたしている。

　以上のようなアクセントの特性を踏まえて，句と複合語におけるアクセントの特徴について考えてみよう。先にも述べたように，句は，その構成要素の意味をつなげることで導き出せるので，原則として，構成要素の数だけアクセントが存在することになる。これに対し，複合語は，複数の要素によって構成されているとはいえ，語彙化が進めば，それぞれの要素の意味を単につなぎ合わせるだけでは語全体の意味が導き出せない。構成要素がいくつ含まれていようとも，複合語として独自の意味をもつため，アクセントは原則として1つしか付与されない。たとえば，日本語の「渋い柿」という句と，「渋柿」という複合語を比べてみると，「渋い柿」は「し<u>ぶ</u>いか<u>き</u>」というパターンを示す。つまり，「渋い」と「柿」それぞれの語がアクセントを担っている。これに対し，複合語の場合，構成要素は「渋」と「柿」で，句とほぼ同じであるにもかかわらず，「し<u>ぶ</u>が<u>き</u>」と発音され，アクセントの山は1つしかない。アクセントの山が1つしかないのは意味的まとまりとしては「1つのもの」だからだ。たしかに「渋くない渋柿」とはいえても，

「渋くない渋い柿」は通常いえない。この違いからもわかるように，「1つのもの」としての複合語と「複数のもの」からなる句は似て非なるものである。

　英語の複合語も日本語同様，形態的に1つの意味的まとまりをもつことから，音声的な一体性が観察される。本来，英語においてはすべての語がアクセントをもっている。したがって，各語が単独で発音される時は，音節の数に関係なく，1語1アクセントの原則が厳密に守られることになる。（例：pen /pén/, open /óʊpn/, opener /óʊpnər/）。複合語の場合も，複数の要素が組み合わさってつくり出されるとはいえ，やはり1語であることに変わりはないので，この原則を守る。

(1)　　　句　　　　　　　　　　　　　　　複合語
　　a. a dárk róom（暗い部屋）　　　　a dárkroom（（写真現像用の）暗室）
　　b. a wét núrse（ずぶ濡れの看護師）　a wét nurse（乳母）

　まず，(1a) の a dark room という句は，dark と room それぞれに強勢が付与される。句全体の意味は，その句を構成しているそれぞれの語の意味を単純につなげれば導き出せる（「暗い」+「部屋」）。これに対し，複合語 a darkroom のほうは，句とは異なり，分かち書きされず，1語として表記されることになる。加えて，もっとも目立つ第1強勢は前部要素にのみ付与される。意味についても，単にそれぞれの構成要素の意味をつないで導き出せるものではなく，「写真現像用」という特殊な目的で使用される「暗い部屋」，つまり「暗室」という限定的な意味合いをもつ。似たようなペアとしてよく引き合いに出されるのが bláck bírd と bláckbird のペアだ。このペアも句のほうは分かち書きされ，強勢も各語に付与される。これに対し，複合語のほうは，分かち書きされずに1語として表記され，前部要素のみに第1強勢が付与される。また，意味に関しては，前者は基本的に「黒い鳥」であればカラスでもブラックスワンでもなんでも対象となるが，後者は「クロウタドリ」というある特定の種類の鳥しか指し示さない。

　とりわけ厄介なのが (1b) の a wet nurse の例のように複合語が分かち書きされている場合であろう。複合語も句もともに2語として表記されることから，書きことばにおいては句なのか複合語なのかがはっきりしない。両者を区別するには，文脈から判断することになるが，ほかの修飾語句とともに表現することができるかどうかという基準で考える手もある（7.1 節参照）。つまり，複合語の場合は2つの語の結びつきが強く，限定的な意味をもつため，間にほかの語句を挿入する

ことができない（*a wét tíred nurse（nurse に強勢が<u>付与されていない</u>点に注目））。さらに，wet を副詞で修飾することもできない（*a véry wét nurse）。これに対し，句であれば，wet を副詞で修飾することができる（a véry wét núrse（たいそうずぶ濡れの看護師）。この場合, nurse に強勢が<u>付与されている</u>点に注目）。また 2 語の間に語句を挿入することもできる（a wét, tíred, yóung núrse（ずぶ濡れの疲れた，若い看護師）。句と複合語がともに分かち書きされる代表的な例をいくつか（2）にまとめておこう。

(2) 句　　　　　　　　　　　　　　　　　　　　　複合語

　　an Énglish téacher（イングランド人の教師）　　an Énglish teacher（英語（教科）の教師）

　　a gréen cárd（緑色のカード）　　　　　　　　a gréen card（労働許可証）

　　a white páper（白い紙）　　　　　　　　　　a White Paper（白書（政府公式報告書））

　　a wóman dóctor（女医）　　　　　　　　　　a wóman doctor（婦人科医）

（1b）や（2）にある例はいずれも書きことばでは区別しにくいが，話しことばにおいては，強勢のパターンが異なるため，両者を区別することはそれほど難しいことではない。すなわち，［形容詞＋名詞］で構成されている名詞句の場合は，原則通り各語に強勢が付与される（例：a wét núrse（ずぶ濡れの看護師））。これに対し，複合語の場合は，前部要素にのみ強勢が付与される（例：a wét nurse（乳母））。

　複合語と句に関する強勢付与パターンは，第 6 章で紹介した英語の 3 種の強勢（第 1 強勢，第 2 強勢，無強勢）を用いてより厳密に（3）のような規則としてまとめることができる（ブラケット内の 1 は第 1 強勢，2 は第 2 強勢をそれぞれ意味する）。

(3) a. **複合語強勢規則（compound stress rule）**
　　　複合語の前部要素に第 1 強勢，後部要素に第 2 強勢を置く強勢型（［1＋2］型）
　　　例：gréenhouse（温室），high school（高校），white-cap（白波）[2]
　　b. **句強勢規則（phrasal stress rule）**
　　　句を構成するそれぞれの要素に第 1 強勢を置く強勢型（［1＋1］型））
　　　例：a gréen hóuse（緑色の家），a hígh fénce（高い塀），a white céiling（白い天井）

---

[2]　本来，第 1 強勢は［´］，第 2 強勢は［`］の記号をそれぞれ用いるが，［1＋1］型と［1＋2］（あるいは［2＋1］）型の区別がしにくいため，本書では第 2 強勢の記号は付さないこととする。

　なお，英語はもともと強勢が連続して生起することを嫌う言語であることから，句内の各語に付与される強勢の位置や強さが文脈に応じて変動するというのは決して珍しいことではない。とりわけ［副詞＋形容詞］（例：fairly small, rather cold, very kind）や［副詞＋副詞］（例：quite fast, too slowly），さらには［動詞＋副詞］からなる句動詞（phrasal verbs）（例：find out（見出す，調べる），take off（離陸する，発進する））も，意味や文リズムの影響を受けやすい。詳細は別途第 10 章で取り扱うこととする。

8.2 後部要素に強勢が付与される複合語

　複合語の強勢パターンが［1＋2］型であるという傾向は，スペースを含まず 1 語として綴られる複合語の 9 割にみられるとされる（例：ármchair（肘掛け椅子），báckyard（裏庭），báthroom（浴室））。これに対し，独立した 2 語からなる複合語（つまり間にスペースを含むもの）やハイフンでつながれたものについては，約半数は［1＋2］型であるものの，残り半数のものは前部要素が第 2 強勢，後部要素が第 1 強勢のいわゆる［2＋1］型とされている（例：all-púrpose（万能の），award-wínning（受賞），acid ráin（酸性雨），back dóor（勝手口））。つまり，複合語は必ずしもすべてが一律に前部要素に強勢が付与されるわけではなく，複合語でありながら後部要素に強勢が付与されるものもかなりの数存在している。

　実際，手元の辞書（『ジーニアス英和辞典』（第 5 版））で green を含む複合語を調べてみると，(4) のような結果となった。

(4) a. 1 語として綴られる複合語[3]

　　　［1＋2］型　（計 16 語）

　　　　gréenback, gréenfield, gréenfinch, gréenfly, gréengage, gréengrocer, gréengrocery, gréenhorn, gréenhouse, gréen(s)keeper, gréenmail, gréenstick(fracture), gréensward, gréentailing, gréenwash, gréenwood

　　　［2＋1］型　なし

---

3)　1 語として綴られる複合語には，このほか greenbelt, greenroom, greenstuff があるが，いずれも 1 語とともに 2 語としての綴り（つまり green belt, green room, green stuff）が併記されていることから例外として扱う。また，Greenland も［1＋2］型の Gréenlànd [lænd] と Gréenland [lənd]（単純語扱い）が併記されていることから対象外とした。

b. ハイフンを含む複合語[4)]

　[1＋2] 型または [2＋1] 型 （計 1 語）

　　gréen-eyed　または　green-éyed

c. 2 語として綴られる複合語[5)]

　[1＋2] 型 （計 6 語）

　　gréen bag, gréen corn, gréen man, Gréen Party, Gréen peace, gréen roof

　[2＋1] 型 （計 18 語）

　　green áudit, Green Berét, green chémistry, green dráke, green fíngers, green léek,

　　green manúre, green ónion, green péa, green pépper, green pówder,

　　green revolútion, green sálad, green shóots, green táx, green téa, green thúmb,

　　green túrtle

(4)の結果を簡潔にまとめると表 8.1 のようになる。

表 8.1　複合語の強勢型

綴り方	1＋2 型	2＋1 型	1＋2 型または 2＋1 型
1 語（スペースなし）	16	0	0
ハイフンで連結	0	0	1
2 語（分かち書き）	6	18	0

表内において 1 語として綴られるものはすべて [1＋2] 型である。これは複合語強勢規則の予測通りの結果である。これに対し，2 語で綴られる複合語のうち 5 例（約 22％）は強勢規則通りの [1＋2] 型だが，それを大幅に上回る 18 例（約 78％）は規則に反し，前部要素ではなく，後部要素に強勢が付与される [2＋1] 型である。単なる例外として処理するわけにはいかない数字だ。では，なぜ 2 語として綴られる複合語にこれほど多くの [2＋1] 型の語が存在するのだろうか。決定的な理由とはいえないが，句強勢の名残りと考えることができる。たしかに，ハイフンで連結されている 1 語については，[1＋2] 型と [2＋1] 型の両方の強勢パターンが併記されていることとあわせて考えると、1 語綴りは強勢規則の予測通り [1

---

4)　ハイフンを含む複合語は，green-eyed 以外に green-fingered や green-thumbed があるが，この 2 語はハイフンを含む綴りとともにハイフンを含まない 1 語としての綴り（つまり greenfingered, greenthumbed）が併記されていることから例外として扱う。また，green-light は動詞ではハイフンを含むが，名詞の場合は 2 語として綴られるため例外として扱う。

5)　2 語として綴られる複合語には，このほか green bean, green card, Green Paper があるが，いずれも [1＋2] 型と [2＋1] 型が併記されていることから対象外とした。

＋2］型が優位，2語綴りは句強勢規則の予測する［2＋1］型が優位，ハイフンは
両者の中間的な位置づけのため，［1＋2］型と［2＋1］型が併記されている，と解
釈することは決して不自然なことではない。以下，この点について詳しくみてい
く。

　まず，後部要素に強勢が付与される複合語の多くは，もともと［形容詞的要素
＋名詞句］だったものが，意味的つながりが強くなるにつれ，複合語化したもの
であるといわれている。このような例には，automatic pilot（自動操縦）や baked
beans（インゲンマメのトマト煮），それに black sheep（厄介者）の［形容詞＋名詞］
の組み合わせのほか，(5) にあるような名詞や分詞がそれぞれ後続の名詞を修飾
するという組み合わせもある。

(5) a. 名詞＋名詞
　　　star players（花形選手），time zone（時間帯）
　　b. 分詞＋名詞
　　　aging process（加齢現象），washing machine（洗濯機）

すでに (3b) で紹介した句強勢規則は，句を構成するそれぞれの要素に第1強勢を
置くことになるが（つまり［1＋1］型），実際の発音を聞いてみると，前部要素よ
りも後部要素のほうが強く発音されているように聞こえる。本来同じ第1強勢で
あるはずが，前部要素よりも後部要素がなぜ聴覚的により強く聞こえるかという
と，英語の場合，前部要素の第1強勢のところではピッチの著しい下降が観察さ
れないのに対し，後部要素の第1強勢ではピッチの著しい下降が観察されるから
だ。つまり，ピッチ幅がより大きい後部要素の第1強勢のほうが変動の少ない前
部要素の第1強勢よりも聴覚的に強く聞こえる傾向にある（この点については 8.3
節も参照）。すなわち，理論的には［1＋1］型の強勢パターンをもつ句が，実際の
音声では［2＋1］型として発音されているように聞こえるということだ。したがっ
て，その名残りで，複合語化後も［2＋1］型の強勢パターンを保持していると解釈
することもできる。もしこのような捉え方が正しいとするならば，現在私たちが
目にしている（耳にしている）姿は句から複合語へと変化する発展途上の段階と
解釈できる。つまり，(4c) の［2＋1］型の語群が将来的にさらに「複合語らしさ」
を増すと，(3a) の複合語強勢規則に則って［1＋2］型へと変化すると予測でき

る[6]。

複合語の強勢が [1 + 2] 型なのか [2 + 1] 型なのかがひと目で判断できるような基準があればよいのだが，結論からいうと，絶対的な基準というものは存在せず，残念ながら必ず例外となるものが存在する。それはなぜかというと，複合語のアクセントは，そもそも規則の適用だけで簡単に済ませることができず，それ以外のさまざまな要因が絡んでいると考えられるからだ。

要因の 1 つとしてまず考えられるのは「**同じ単語を含んだほかの複合語の強勢位置による類推**」である。たとえば，同じ apple という単語を含む複合語でも，apple píe のように後部要素に第 1 強勢が付与される [2 + 1] 型もあれば，ápple juice のように前部要素に第 1 強勢が付与される [1 + 2] 型もある。どちらも [材料＋名詞] の組み合わせからなり，なおかつ apple に後続するのは単音節語である。このことから，強勢位置の違いは両者の構造上の違いとは考えにくい。

ここで，pie と juice を含むほかの複合語に目を向けてみると，前者は [2 + 1] 型が多く，後者は [1 + 2] 型が多いことに気づく。ネイティブはこの強勢位置に関する傾向の違いに敏感で，pie のグループと juice のグループごとに強勢位置を使い分け，さらには未知の複合語を発音する際の手がかりとしているのかもしれない（Plag (2010), Arndt-Lappe (2011)）。仮に新たに zazabebe という（架空の）果物からパイがつくられたとしたら，そのパイはネイティブによって zazabebe píe [2 + 1] と発音され，ジュースであれば zazabébe juice [1 + 2] と発音される可能性が極めて高い。つまり，既存の複合語のもつ強勢位置からの類推により，未知の単語の強勢位置を定めるということだ。このような類推が繰り返されることにより，ある特定の語を含む複合語が一般規則とは異なった強勢パターンを統一的にもつようになり，それが結果的に例外を生むと考えられる。

さらに，**前部要素と後部要素それぞれがもつ情報量**も強勢の位置を決定する際に影響を及ぼすとされる。一般的に，予期しにくい情報は強く発音され，逆に予期しやすいものは弱く発音される傾向にある（10.4 節参照）。ここでいう情報量とは，複合語を構成しているそれぞれの要素のどちらの情報がより意味的に重要か，

---

6) このような変化が起きるかどうかは今後注意深く観察していく必要があるが，どうもそう簡単に片づけられる話でもなさそうだ。たとえば類似の複合語ペアを比べてみると，Lóndon street では複合語強勢規則のとおり，第 1 要素に強勢が付与されるのに対し，London róad ではどちらかというと，後部要素の road のほうがより強く発音される傾向にあるといわれている。

つまり情報的価値の違いによって強勢位置が決まるという考え方である（高尾（2018））。たとえば，baby boy と bell boy を比べると，前者の強勢は［2＋1］型，後者は［1＋2］型であるが，同じ boy を含む複合語においてこのような違いが生じるのはそれぞれの複合語における boy のはたす意味的な重みが異なるからと解釈できる。つまり，前者は「赤ちゃん」よりも「性別」のほうが意味情報として重要であるので後部要素に強勢が付与されるのに対し，後者では職種を表す bell（ホテルなどのポーター）のほうが「青年」よりも意味情報として重要であることから，前部要素に強勢が付与されると解釈できる。こうした単語のもつ情報量の違いによっても，例外的な強勢パターンが生まれると考えられる。

以上のように，英語の複合語の強勢パターンは例外が多く，一筋縄ではいかない。それでもネイティブはこれまで出会ったことのない単語の強勢位置を正しく予測できるというのだから，規則に縛られることなく，臨機応変に対応できるというのがまさにネイティブならではの感覚といえよう。

8.3 3 語以上からなる複合語

一般的に複合語というと，私たちは 2 語からなるものを想定するが，複合語のなかにはもちろん 3 語以上からなるものがある。

長い複合語といえば，英語と近い関係にあるドイツ語には，ギネス記録にも認定された 79 文字から構成される語が存在するそうだ。

(6) a. Donaudampfschiffahrtselektrizitätenhauptbetriebswerkbauunterbeamtengesellschaft
（ドナウ汽船電気事業本工場工事部門下級官吏組合）

b. Donau / dampfschiffahrts / elektrizitäten / haupt / betriebs / werk / bauunter / beamten / gesellschaft
（ドナウ／汽船の／電気／主要／事業部／工場／建設／下級公務員／組合）

(6a) の複合語は (6b) に示した少なくとも 9 の構成要素に分解可能となる。複数の構成要素からなる複合語であれば，ドイツ語だけではなく，日本語にも (7) のようなカタカナ 21 文字からなる複合語が辞書に記載されている。

（7）a. リュウグウノオトヒメノモトユイノキリハズシ
　　　　　（竜宮の乙姫の元結の切外し（海草の一種））
　　　b. リュウグウノ／オトヒメノ／モトユイノ／キリハズシ

日本語の場合も，（7a）がさらに（7b）にあるような3つの「名詞＋の」と名詞（キリハズシ）の計4つの要素に分解可能となる。このように，ドイツ語や日本語の複合語は語の切れ目ごとにスペースを挿入することなく綴られるため，一見すると複雑で，非常に長い語のように思えてしまう。しかし，実際は複数の要素を組み合わせて複合語がつくられており，このこと自体何ら特別なことではない。

　ドイツ語に負けないぐらいの長い語は英語にも存在する。もちろん辞書レベルでは4語からなる複合語は稀であるが，可能性としては語の組み合わせは限りなく無限に近い。たとえば（8）の例についてみてみよう。

（8）a. Milwaukee River Conservation District Budget Committee Report
　　　　（ミルウォーキー川保全地区予算委員会報告書）
　　　b. Texas state textbook commission study group reorganization proposal
　　　　（テキサス州教科書審議研究会再編提案）
　　　c. Tri-State-Area Harbor Authority Waste Disposal Plan
　　　　（3州地区港湾当局廃棄物処理案）　　　　　　（Teschner and Whitney（2004: 71））

こうした複数の構成要素からなる長い語も，複合語である以上，一番強く発音される強勢の箇所は1つのはずだ。ではその一番強く発音される強勢の位置を決定するにはどうしたらよいのだろう。

　長い複合語はそれ自体さらに複数の複合語から形成されていることがほとんどだ。そこで，それぞれの「パーツ」となる語の切れ目箇所を見出すことがまず先決だ。1.6節にあった(a) foreign stamp collector の例を思い出してほしい。この3語がもし stamp collector で複合語をなす場合は，「外国人の切手収集家」という意味になり，強勢も［stámp collector］で［1＋2］型となる。また，もし foreign stamp で複合語（つまり foreign-stamp）をなす場合は「外国切手の収集家」という意味になり，［foréign-stamp］で［1＋2］型となる[7]。つまり，同じ語連鎖でも，パーツご

---

7)　foreign［stamp-collector］と［foreign-stamp］collector はそれぞれ［形容詞＋名詞（複合語）］と［形容詞（複合語）＋名詞］の組み合わせからなる「名詞句」なので，(3b) にある句強勢規則が適用され，それぞれ［1＋［1＋2］］型と［［1＋2］＋1］型で発音される。

との切れ目箇所が異なれば意味が違ってくる。同じことが長い複合語にも当てはまり，強勢位置を特定するためには，まずその複合語を構成要素に分ける必要がある。たとえば，(8c) の複合語は Tri-State-Area（3 州地区）と Harbor Authority（港湾当局）そして Waste Disposal（廃棄物処理）という 3 つの複合語と，自由形態素 Plan の 4 つの要素に分解することができる。なお，Tri-State-Area はさらに Tri-State という複合語と Area に分解される。(9) はこれを図としてまとめたものである。

(9)

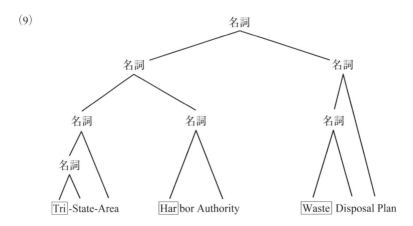

3 つの複合語は，(3a) の複合語強勢規則に従い，それぞれ最左要素に強勢が付与される ((9) の四角で囲われた箇所)。強勢が付与された Tri と Har と Waste という 3 音節がすべて対等の強さをもつかというとそうではなく，この 3 強勢のうち 1 つのみが，複合語全体の第 1 強勢として，ほかの 2 つの音節よりもさらに強く発音される。

　ここで，6.2 節で取り上げた英語の強勢パターンの話を思い出してほしい。英語の場合，強勢パターンを品詞ごとに整理してみると，大きく分けて名詞グループと動詞グループに分けることができ，名詞は原則として語末から 2 番目の要素（音節）に強勢が付与される傾向にあるということを紹介した。この「**語末から 2 つ目**」という原則はかなり汎用性が高く，(1 つの) 自由形態素の場合は，「語末から 2 番目の**音節**」に強勢が付与されるのだが，複数の自由形態素から構成される特徴をもつ複合語の場合は「語末から 2 番目の**語**（に含まれる第 1 強勢が付与されている音節）」に強勢が付与されるということになる。実際，(3a) の複合語強勢規則により，2 要素からなる複合語が原則として [1＋2] 型の強勢パターンを示すの

も，前部要素が語末から数えると「2番目」だからだ（例：bláckbird, gréenhouse）。
さらに，3語以上からなる複合語にも目を向けてみると，7割近くのものがやはり
「語末から2番目の語（に含まれる第1強勢が付与されている音節）」に全体の中
で一番強い強勢が付与されているといわれている（3語からなる例：American
Stóck Exchange（米国証券取引所），British **Bróad**casting Corporation（英国放送協
会），Central Intélligence Agency（米国中央情報局），golden **wéd**ding anniversary（金
婚式），junior **hígh** school（中学校）；4語からなる例：foot and **móuth** disease（口蹄
疫），little red **ríd**ing hood（赤ずきん））。

　以上のことを踏まえてもう一度 (9) の例をみてみると，後ろから2番目の Wáste
Disposal という複合語が「後ろから2番目」の要素である。つまり，Waste は Waste
Disposal という複合語自体の強勢を担うとともに，Tri-State-Area Harbor Authority
Waste Disposal Plan という複合語全体の強勢をも担うと予測される。実際の発音で
確認すると，やはり予測のとおり Waste は複合語全体の強勢を担っており，ほか
の強勢を担っている Tri や Har (bor) よりも際立つように発音される。

　ここで気をつけておきたいことは，すでに6.1節でみたとおり，私たちが「強
さ」として受け止めている現象の多くは，実は声の高さと密接な関係にあり，図
8.2 に示してあるように，「強い」要素は「高い」ピッチで発音される傾向にある。

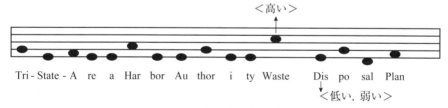

図 8.2　長い複合語のピッチ変化

図 8.2 にあるように，Waste が複合語全体の一番強い要素として認識されるために
は2つの条件が整う必要がある。まず第1に Waste がほかの語よりも「高い」ピ
ッチで発音される必要がある。「高く」発音することで「強さ」を聞き手は感じと
ることができる（6.1節参照）。さらに，第2の条件としては，この「高さ」をよ
り際立たせるためには，直後に位置する語はできるだけ弱く，低いピッチで発音
する必要がある。つまり，図 8.2 に示してあるように，Waste の直後の Disposal と
Plan をそれぞれ弱く，低いピッチで発音することで，Waste との「差」がさらに

強調され，結果的に Waste の存在を際立たせる効果がある。

　この節では，複合語の強勢付与に関する規則を取り上げたが，複合語のみなら
ず，文レベルにおいても，一般的に一番強い強勢（peak stress）を担う語の直後に
現れる語はこのような弱化現象を起こす傾向にあるといわれている。こうした長
い複合語における強勢付与のパターンは，そのまま文レベルにおける強勢との共
通点を見出すことができる。

8.4　音感を楽しめる複合語とその意味

　この章を締めくくるにあたり，音感を楽しめる複合語を紹介する。複合語の中
には，構成要素（もしくはその一部）を重複させた重複複合語（reduplicative com-
pound）というものがある。重複要素の性質に応じて以下（10）にある 3 グループ
に分けることができる。

(10) a. 基体の重複（つまり前部要素と後部要素が同一）
　　　　　例：bye-bye, goody-goody, tut-tut
　　　b. ライムの重複（つまり前部要素と後部要素が（脚）韻を踏む）
　　　　　例：higgledy-piggledy, hurly-burly, lovey-dovey, no-go, super-duper
　　　c. 母音以外の要素の重複（つまり前部要素と後部要素の母音のみ異なる）
　　　　　例：bric-a-brac, clip-clop, dilly-dally, shilly-shelly, wishy-washy

　本来，言語は一般的に「繰り返し」を嫌う傾向にある。英作文の授業で "Mary
went shopping and Ken went shopping." と書けば先生に "Mary went shopping and Ken
did so (too)." と注意される。私たちが日ごろ目にする言語構造には「繰り返し」
を回避するためのさまざまな工夫が凝らされている。逆に，こうした言語の一般
的な傾向に反するような言語現象は，たいてい何らかの「特殊」な意味を有して
いる。たとえば，7.2 節で取り上げた語彙複製によってつくられる複合語を思い出
してみよう。I like you.（あなたが好き）と言われてもちろん悪い気はしないが，I
like-like you.（本当に好き）と言われたほうが嬉しくないだろうか。（10a）のよう
な語幹や基体を重複させる語群の場合，もとの単語とほぼ同じ意味になるものも
中にはあるが（bye-bye など），like-like のようにもとの単語の本来の典型的な意味
よりも意味合いが強まることが多い。単に意味を強めるためであれば，何も語彙

複製によらずに，very や really などの表現を用いれば済む話だ。とくに最近のアメリカ英語でこの種の語彙複製が比較的よく観察されるようになった背景としては，やはり複製によって生まれる語呂のよさが大いに影響していると考えられる。ただし，ちょっと気をつけないといけないのは，goody のようにもともと肯定的な意味合いの語を繰り返すと，かえって否定的なニュアンスをもつ場合もあることだ（goody-goody（鼻につくほどすました，気取った優等生））。何事も過ぎたるは及ばざるが如し，ということなのかもしれない。

　もちろん語幹や基体の重複だけでなく，(10b) や (10c) のように，前部要素と後部要素の一部が重複している場合でもニュアンスが異なることが多く，たとえば super（すばらしい）よりも super-duper（非常にすばらしい，超一流）のほうがすばらしさの度合いは強まる。ちなみに，日本語の「畳語」も語もしくはその一部を反復させてできる複合語の一種だが，同じ言語構造を繰り返し用いることでもとの単語のもつ意味を強める，あるいは事物が複数あることを表す効果があるといわれている。たしかに「山」よりは「山々」のほうが山の数は多そうだし，「きら」よりも「きらきら」のほうが眩しい光景を連想させられる。

　語彙複製（重複複合語）がネイティブに好まれる一番の理由はなんといってもそのリズムの軽快さであろう。上述のとおり，(10a) は同一語を繰り返すことで生じる音連鎖の繰り返しが軽快なリズムを生じさせる。同様に，(10b) の例はいずれも構成要素同士のオンセット以外の要素が共通しており（つまり韻を踏んでいる），4.4 節で取り上げたナーサリーライムと相通じるものがある。(10c) は前部要素と後部要素の母音のみが異なるが，ほかの要素は共通している。母音については前部要素に高舌母音，後部要素には前部要素の母音よりも口を広げて発音する中舌母音もしくは低舌母音が配置されている。これも単なる偶然とはいいがたく，言いやすさ，語呂のよさと深くかかわっていると考えられる。

9

語を越えて：形態編

これまで主に 1 つの単語の中で，ある形態がどのような意味や機能をもつかということを中心に考えてきた。この章では少し視点を変えて，より大きな句や文のレベルで形態がはたす役割をネイティブの視点から考えていく。

9.1 助動詞と関連表現

はじめは助動詞とその関連表現をみていこう。英語で助動詞（helping verb）として機能する語には，will, can, may のような法の助動詞（modal verb）と，be, have, do のような普通の動詞としても用いられる助動詞がある。後者は「主動詞」とよばれる（Quirk et al. (1985) 参照）。つまり，英語の助動詞は「法の助動詞」と「主動詞」の 2 種類に分けられるが，両者には共通点と相違点があって，その一部は語の形態的な特徴が関係している。まず共通点から考えていこう。どちらの助動詞でも，否定辞の not を直後に従えることができる（以下では Quirk et al. (1985) に従って，助動詞として用いられる be, have, do を「主動詞」とよぶ。また Quirk et al. では語彙動詞とよばれている (1d) の see (saw) のような動詞を，日本の学校文法に合わせて「一般動詞」とよぶことにする）。

(1) 助動詞は直後に not を置くことができる
    a. She {cannot / can't} do it.　　　　（cf. She can do it.）　　　［法の助動詞］
    b. She {has not / hasn't} done that.　（cf. She has done it.）　　［主動詞］
    c. She {was not / wasn't} kissed.　（cf. She was kissed.）　　　［主動詞］
    d. *She {saw not / sawn't} the play.　（cf. She saw the play.）　［一般動詞］

(1) の対比からわかるように，助動詞である (1a) の can（法の助動詞）と (1b) の has（主動詞）や (1c) の was（主動詞）は直後に not を置くことができるが，一般動

詞である (1d) の saw は直後に not を置くことができない。このような一般動詞の場合，助動詞の代用 (dummy) としての do が用いられるが，この点は後で詳しくみる。not を直後に従えることができるという特性は，法の助動詞と主動詞の共通の特徴である。

同様に，助動詞は疑問文の操作詞 (operator) の役割をはたす。操作詞というのは，単語の形を変えずに文法操作によって文の役目を変えるはたらきをもつ単語のことをいう。She can do it. という肯定文と Can she do it? という疑問文では，使われている単語がまったく同じである。疑問文の場合，can が文頭にあることで疑問文であることが示されていて，これが can の操作詞としてのはたらきである。法の助動詞や主動詞とは違い，一般動詞の see (saw) は，(2d) のように疑問の操作詞としてのはたらきがない。

(2) 助動詞は疑問文の操作詞となる
   a. <u>Can</u> she do it?   (cf. She can do it.)   [法の助動詞]
   b. <u>Has</u> she done that? (cf. She has done that.) [主動詞]
   c. <u>Was</u> she kissed?   (cf. She was kissed.)   [主動詞]
   d. *<u>Saw</u> she the play? (cf. She saw the play.)   [一般動詞]

また，助動詞は付加疑問文でも操作詞としてはたらく。たとえば，(3a) では法の助動詞が，そして (3b) や (3c) では主動詞が付加疑問文形成の操作詞となっている。これに対して，(3d) のように一般動詞にそのような機能はない。

(3) 助動詞は付加疑問文の操作詞となる
   a. She can do it, can't she?   [法の助動詞]
   b. She has done that, hasn't she? [主動詞]
   c. She was kissed, wasn't she?   [主動詞]
   d. *She saw the play, sawn't she? [一般動詞]

(1d)，(2d)，(3d) のように一般動詞が現在形や過去形の形態素をもつ場合（つまり，ほかの助動詞が使われていない場合），代用の助動詞 do が一般動詞の代わりに操作詞として挿入される (cf(4))。

（4）a. She didn't see the play.

　　b. Did she see the play?

　　c. She saw the play, didn't she?

do は，do the job のように普通の一般動詞（他動詞）としても使うことができるが，このように操作詞としての機能もある。操作詞としてはたらく場合，do は主動詞という扱いになる。

　法の助動詞と主動詞はこのように機能として共通する部分があるのでともに「助動詞」として扱われる。しかし法の助動詞と主動詞は主に形態に関する大きな相違点があって，助動詞という 1 つのグループの中でさらに 2 つの下位グループに分けられる。たとえば，法の助動詞の場合，時制などをともなう定型（finite）以外の形で用いることはできない。したがって（5a）のように to 不定詞法の後にくる原形として法の助動詞を用いることはできない。

（5）法の助動詞は不定詞にならない

　　a. *to can（cf. to be able to... なら可能）　［法の助動詞］

　　b. to have done that　　　　　　　　　　　［主動詞］

　　c. to be kissed　　　　　　　　　　　　　　［主動詞］

　　d. to see the movie　　　　　　　　　　　　［一般動詞］

これに対し，主動詞の（5b）と（5c）や一般動詞の（5d）は時制などをともなわない原形の不定詞の動詞として用いることができる。

　また三人称単数現在形の場合，主動詞と一般動詞は主語と一致して -s がつくが，法の助動詞にはつかない（cf(6)）。

（6）法の助動詞は三人称単数現在を表す -s がつかない

　　a. She {*cans / can} do it.　　　　［法の助動詞］

　　b. She {has / *have} done that.　　［主動詞］

　　c. She {sees / *see} the play.　　　［一般動詞］

　以上のように法の助動詞と主動詞とでは主に形態に関する違いがある。その一方で主に操作詞としてはたらくという点で両者は共通していて，その点で法の助動詞と主動詞を一般動詞とは別の「助動詞」として 1 つのグループと考える理由にもなる。おもしろいのは，英語にはこのどのグループにも収まらない表現がい

くつか存在することである。代表的な例として need（必要がある）と dare（思い切って〜する）をみてみよう。まずこの2つの動詞は一般動詞として使うことができる。

(7) a. He {dares / needs} to escape.

    b. He doesn't {need / dare} to escape.

    c. Does he {need / dare} to escape?　　　　　　　　　(Quirk et al. (1985: 138))

法の助動詞は，can escape とか may escape のように，直後に原形不定詞が後続する。逆に一般動詞の場合，want to escape とか intend to escape のように to 不定詞が後続する。(7) にあるように，need と dare は to 不定詞が後続する。この点で dare と need は一般動詞の性質をもつ。また，(7b) と (7c) の例で代用の do が操作詞として現れていることからも，これらの例で dare と need が一般動詞として使われていることがわかる。さらに，三人称単数現在形の -s がつくという点でも，need と dare が一般動詞の性質を示しているといえる。

　これに対し (8a) では，need と dare が do の助けなしに not を後続させている。

(8) a. He {needn't / daren't} escape.

    b. {Need / Dare} we escape?　　　　　　　　　　　(Quirk et al. (1985: 138))

また (8b) では，need, dare が疑問の操作詞の役割をはたしている。(8) の need / dare には三人称単数現在の -s もついていないので，これらの動詞が法の助動詞のように振る舞っていることがわかる。need と dare が一般動詞として機能する (7) のような形は常に可能で，とくに肯定文の場合には（法の助動詞ではなく）一般動詞として使われるのが普通である。

　また一般動詞の特性と法の助動詞の特性を混ぜたような用法も広く使われる。次の例でこれをみてみよう。

(9) a. They do not dare ask for more.　（彼らはあえてそれ以上の要求をしない。）

    b. Do they dare ask you for more?　（彼らはあえてそれ以上の要求をするだろうか。）

    c. They dared not carry out their threat.　（彼らはあえて脅しを実行しないだろう。）

　　　　　　　　　　　　　　　　　　　　　　　　　　(Quirk et al. (1985: 138))

(9a) と (9b) では，代用の助動詞の do が操作詞として機能していて，これは dare

の一般動詞的性質である。その一方で dare の後ろに to が介することなく直接 ask が後続していて，これは法の助動詞のもつ性質であるといえる。また (9c) では，dare が過去形の dared へと変化し，かつ法の助動詞と同じように原形の動詞を（not を挟んで）直後に従えている。注目したいのは過去形 dared の形で，これはほかの法の助動詞の過去形（could, would, might, should）とは違い，一般動詞の規則変化の派生形態素 -ed がついた形である。したがって (9c) も dare の一般動詞の特性と法の助動詞の特性が混在した例とみることができる。いつか need と dare は一般動詞か法の助動詞へと用法が統一されていくことになるかもしれない。今のところネイティブの感覚の中では，どちらに区分するか揺れている状態であると推測できる。

9.2 動詞の分類—形態か意味か

　日本の英語教育では，動詞を be 動詞と一般動詞の 2 つに分類するのが一般的である。このことは，この 2 種類の動詞が動詞の中で対立する 2 つの柱になっていることを意味するし，実際そうした側面がないわけではない。(10) と (11) の変化形の対立を考えてみよう。

(10) a. I am a rocket scientist. 　（私はロケット科学者だ。）
　　 b. We are rocket scientists. 　（私たちはロケット科学者だ。）
(11) a. I study rocket science. 　（私はロケット科学を研究している。）
　　 b. We study rocket science. 　（私たちはロケット科学を研究している。）

(10) の be 動詞では一人称が単数 (I) か複数 (we) かによって形態が異なっているが，(11) の一般動詞 study では，単数でも複数でもともに study が使われる。また動詞の原形でも，(12a) のように be 動詞は現在形 (am, are, is) とは違う形をしているのに対し，一般動詞の原形は三人称単数形以外の現在形と同じ形になる。

(12) a. I want to be a rocket scientist. 　（私はロケット科学者になりたい。）
　　 b. I want to study rocket science. 　（私はロケット科学を研究したい。）

このように，形態的には be 動詞と一般動詞を分けることは一見理にかなっているようにみえる。

　一般動詞はさらに目的語をとる他動詞と目的語をとらない自動詞に分けられる。

（13）a. They all **smiled**.　（彼らはみんな微笑んだ。）［自動詞］
　　　b. They **studied** rocket science.　（彼らはロケット科学を研究した。）［他動詞］

（13a）の smile のように目的語をとらなければ自動詞，（13b）の study のように目的語（rocket science）をとれば他動詞である。ここまでは何も問題がないように思える。しかし，いわゆる SVC の形の構文を考えはじめると，状況が変わる。

（14）a. They remained silent.　（彼らは無言のままでいた。）
　　　b. They were silent.　（彼らは無言だった。）

（14a）が典型的な SVC 構文である。silent は形容詞で，名詞ではないので remain（remained）は自動詞ということになる。しかしこう考えると be 動詞を用いた（14b）もまったく同じ意味で自動詞になって，動詞を be 動詞と一般動詞の 2 つに分けるというやり方がうまくいかなくなる。be 動詞が be 動詞という区分にも，さらには自動詞という区分にも入ってしまうことになるからだ。

　こうなるのは，be 動詞と一般動詞という区分を意味ではなく，形態の違いから立てたからである。実際 be 動詞は，助動詞として使われる場合を除いて，SVC 構文にだけ現れる。英語のネイティブに向けて書かれた英文法では，普通 be 動詞と一般動詞という区別の立て方はしない（たとえば，Biber et al.（1999: 105）参照）。とりわけ「be 動詞」という言い方はせずに，いわゆる be 動詞は連結動詞（copula/copular verb）とよばれる。連結動詞は，何かと何かを「連結」するということだから，これは形態ではなく意味に基づいたよび方である。（14b）でいえば，be（were）が they と silent という状態を「連結」していることになる。そして重要なのは，この性質が「自動詞」として区分される（14a）の remain（remained）にも共有されているということである。

　このような観点から，Biber et al.（1999: 140-147）では，動詞を意味のうえから，連結動詞と他動詞，そして自動詞の 3 つに分類している。

(15) 連結動詞

    a. You're very stupid.

    （あなたは愚かにみえる。）

    b. I may have <u>appeared</u> a little short with my daughter that morning.

    （その朝，娘と一緒だったので，私は少し背が低くみえたかもしれません。）

    c. They just <u>sound</u> really bad when they were recorded on.

    （録音してみるとずいぶんひどいことのように思える。）

(16) 他動詞

    So you said she started to <u>grow</u> sesame herbs.

    （彼女はゴマを育てはじめたんだっていってたよね。）

(17) 自動詞

    He <u>came</u> from the far north.

    （彼ははるか北の出身だ。）　　　　　　　　　　（Biber et al.（1999: 140-141））

  （15）からわかるように，連結動詞というくくりに be 動詞以外の SVC 構文をとる動詞（appear や sound）が入れられている。そして，これらと対立する形で他動詞（cf(16)）と自動詞（cf(17)）が並べられていて，動詞が 3 分類されている。そもそも SVC という形になる場合，目的語をとらないという意味では自動詞かもしれないが，それに後続する C の要素（形容詞や名詞や分詞など）は必須の文要素である。She cried. とか They smiled. のようなもっとも純粋な（その動詞と主語だけで完結するような）自動詞と SVC の形をとる動詞を自動詞としてひとまとめにするのは，形態的にも意味的にもほとんど意味がない。Biber et al.（1999: 140-141）が be 動詞だけを特別扱いせず，連結動詞の 1 つとして扱うというのはまさにネイティブの感覚そのものであり，こうした問題の解決にもなる。

  連結動詞には，状態連結動詞と結果連結動詞の 2 種類がある。上でみた（15）は状態連結動詞の例である。状態連結動詞とは，ある状態を記述し状況の変化を表さない動詞のことである。一方，結果連結動詞とは，状態変化の結果を表す動詞のことであり，次の（18）が結果連結動詞の例である。

(18) a. I <u>became</u> silent, overwhelmed suddenly by the great gulf between us.

      （私は，私たちの間にたちはだかる大きな隔たりに当惑して，沈黙した。）

    b. Well, he's only gonna <u>get</u> worse.

      （実をいうと，彼の状況は悪くなるばかりのようだ。）

　　c. Yeah, I know, I would <u>go</u> mad.
　　　（そうだ，気が変になるかもしれないとわかっている。）　（Biber et al.（1999: 146））

（18a）の I became silent では，主語の I が silent でない状態から silent な状態へと変化したことが述べられている。この点でこのような例は状態連結動詞とは区別される。（18b）の get worse では，悪い状態からそれよりも悪い状態へと変化し，（18c）の go mad では気が変ではない状態から気が変になった状態へと変化していくことが述べられている。やはりどちらも変化の結果に焦点が当たっている。

　このように動詞を連結動詞と他動詞，そして自動詞の3つに分類することは，文型を理解するうえでも，英語を意味の点から考えるうえでも有用である。そしてこの分類は，よりネイティブの直感を反映しているといえるだろう。はじめにみたように，be 動詞と一般動詞のように動詞を2分類することは，形態的には意味のあることである。しかし形態だけに頼ると，自動詞，他動詞，SVC となる動詞の区分がすっきりしなくなる。動詞の意味に基づいた3分類法は，形態に基づいた2分類法に対する代替を提案しているといえる。

9.3 **付加疑問文**

　この節では付加疑問文を形態の観点から考えていく。

（19）a. You are busy, <u>aren't you</u>?　（あなたは忙しいですよね。）
　　　b. They will not do that, <u>will they</u>?　（彼らはそんなことしませんよね。）
　　　c. He cried a lot, <u>didn't he</u>?　（彼は大泣きしましたよね。）

付加疑問文の「付加疑問」部分（（19）の下線部）では，主文に現れた助動詞が操作詞としてはたらき，主文に続く形で「助動詞-主語」という語順の疑問文が形成される。（19a）のように主文が肯定文なら，付加疑問は否定の形になる。逆に（19b）のように主文が否定文であるなら，付加疑問は肯定の形になる。主文に助動詞が現れない場合には，（19c）のように付加疑問では代用の do が操作詞としてはたらく。これが付加疑問文形成の概要である。明らかに，主文の助動詞（操作詞）と主文の主語の数と人称が付加疑問文形成に重要な役割をはたしている。否定の付加疑問形成では，（19a）の aren't のような縮約形を使うのが普通である。しかし，

フォーマルな表現として (20) のように縮約しない形も可能である。

(20)　They promised to repay us within six months, did they not?
　　　　（彼らは 6 カ月以内に払い戻すと約束したのだよね。）　　　　　(Swan (2005: 470))

　(19a) や (19b) のように付加疑問文は，普通は［主文・肯定-付加部分・否定］と［主文・否定-付加部分・肯定］の組み合わせになるが，主文が疑問文であってはならない。

(21)　*Are you the new secretary, aren't you?　（あなたが新しい秘書ですよね。）
　　　　　　　　　　　　　　　　　　　　　　　　　　　(Swan (2005: 470))

それにもかかわらず，次の文では主文が疑問文の付加疑問文のように解釈できる。

(22)　a. Who am I, a saint?
　　　　　（私が誰だというのだ，聖人君子とでもいうのか（そうではない）。）
　　　b. Who are you, my mother?
　　　　　（あなたは誰だというのだ，私の母とでもいうのか（そうではない）。）
　　　c. Where were you raised, in a barn?
　　　　　（あなたはどこで育てられたのか，まさか納屋ではあるまい。）

(21) のように通常の付加疑問文だと，主文が疑問形という形は許されない。しかし，(22) のような疑問文では，wh 疑問文を付加疑問文の主文のように用いることが可能である。(22) はややくだけた口語的な表現であるが，実際はよく使われる。(22a) では，主文に普通の wh 疑問文である Who am I が置かれ，その疑問文の後に直ちにその答え (a saint) を発話者自身が出してしまう。しかし，通常の Who am I? という疑問文を受けて A saint? と答える場合と比べると，(22a) における I と a saint の間は極端に短く，その間合いは，普通の付加疑問文の主文と付加疑問部分とほぼ同じである（文は全体として疑問文なので上昇のイントネーションで終わる）。意味も付加疑問に近く，(22a) は「私が誰だというのだ，聖人君子とでもいうのか（そうではない）」という意味になる。普通は質問と答えで 1 つの会話のやりとりが成立するが，この 2 つを 1 文の中に押し込めてしまった感じなのがこの構文である。(22b) も同様の例で，（たとえば口うるさく注意する相手に対し）「あなたは誰だというのだ，私の母とでもいうのか（そうではない）」というニュアン

スで使われている。(22c) は「アナと雪の女王」で，アナの躾の悪さをクリスト
フがとがめる場面での発話である。「あなたはどこで育てられたのか，まさか納屋
ではあるまい」といった意味になる。この構文はくだけた口語的表現であるが，
それゆえにこの種の修辞疑問文はネイティブの言語感覚がよく反映されていると
いえるだろう。

　付加疑問文では，主文が否定だと，普通，付加疑問は肯定となる。この際，「否
定」というのは否定辞 not だけに限定されない。not のほかにも (23) にあるよう
に never, no, hardly, little など実質的に否定の意味をもつ単語が主文に置かれる
と付加疑問の部分は肯定形になる。

(23)　a.　You <u>never</u> say what you're thinking, do you?
　　　　　　（あなたは決して思ったことを口にしないですよね。）
　　　b.　It's <u>no</u> good, is it?
　　　　　　（ぜんぜんよくないですよね。）
　　　c.　It's <u>hardly</u> rained this summer, has it?
　　　　　　（今年の夏はほとんど雨が降りませんでしたよね。）
　　　d.　There's <u>little</u> we can do about it, is there?
　　　　　　（私たちにできることはほとんどありませんよね。）　　　（Swan (2005: 470)）

肯定と否定の組み合わせは，形態というよりも意味の問題であるということにな
る。

　付加疑問で操作詞としてはたらく助動詞や付加疑問の主語名詞句についても，
いくつか形態的に特筆するべきことがある。まず，一人称単数の I am が主文で使
われると，付加疑問は *amn't I ではなく，aren't I となる（aren't はほかに Aren't I
smart? のような否定疑問文でも用いられる）。

(24)　a.　I am late, aren't I?　（遅れていますよね。）　　　（Swan (2005: 471)）
　　　b.　I'm a human being, am I not?　（私，人間ですよね。）

(24b) のように短縮形にせずに am I not とすることも可能であるが，極端にフォ
ーマルで形式ばった印象を与えるために，正式な文書か論文など限定的な文脈で
使われることが多い。

　命令文の付加疑問にはさまざまな形の助動詞が使われる。

(25)　a. Come in, won't you?　（お入りください。）

　　　b. Give me a hand, will you?　（ちょっと手を貸していただけますか。）

　　　c. Open a window, would you?　（窓を開けてくださいませんか。）

　　　d. Shut up, can't you?　（黙ってくれますか。）

　　　e. Don't forget, will you?　（忘れないでね。）　　　　　　　（Swan（2005: 471））

　英語の命令文では，普通，主語が現れない。しかし主語が現れることもあって，その場合は you となる。たとえば，Shut up! の前に you を追加して You shut up!（おまえは黙ってろ）ということができる。したがって，付加疑問文において，主文が命令文のときは主語が you になるので，付加疑問の主語も you となる。(25)のすべての例で付加疑問の主語が you となっているのはこのためである。このように付加疑問の主語が you に統一されているのに対して，付加疑問に現れる助動詞は実にさまざまである。(25a) の won't が一番丁寧な形で，聞き手に対して丁重にお願いするようなニュアンスになる。(25b) の will や (25c) の would は依頼である。これらの例では主文も付加疑問も肯定の形となっていて，聞き手が指示に従うことが話し手によって暗黙のうちに想定されている。(25d) のように can't を使うと，話者が少しいらだっていて，ほぼ命令のような口調になる。主文が否定の命令形の (25e) のような場合，付加疑問に will が用いられる。

　付加疑問の主語として主文と別の形態の単語が用いられることもある（cf (26)）。

(26)　a. Nothing can happen, can it?

　　　　（何も起こりませんよね。）

　　　b. Nobody phoned, did they?

　　　　（誰も電話してきませんでしたよね。）

　　　c. Somebody wanted a drink, didn't they? Who was it?

　　　　（どなたか飲み物が欲しかったのではないでしょうか。どなたでしたっけ。）

　　　　　　　　　　　　　　　　　　　　　　　　　　　　（Swan（2005: 472））

主文の nothing, nobody, somebody の主語に対して，付加疑問ではそれぞれ it, they, they が主語として用いられている。nobody や somebody は動詞との一致では単数扱いであるが（例：{nobody / somebody} sings.），複数形の they が付加疑問では用いられる（この点は 9.4 節の議論も参照のこと）。

　(25b) と (25c) でもみたが，肯定の主文に対し，肯定の付加疑問をつけること

もよくある。こうした例の場合，多くは，話者がすでに知っている情報に対し，関心や驚き，そして心配などの感情を表すような目的で用いられる。

(27) a. So you're getting married, are you? How nice!
　　　　（聞いたところによると，結婚するんだってね。いいですね。）

　　　b. So she thinks she is going to become a doctor, does she? Well, well.
　　　　（彼女は医者になるつもりなんだってね。おやおや。）

　　　c. You think you are funny, do you?
　　　　（自分ではおもしろいと思い込んでいるのですね。）　　　　　（Swan（2005: 472））

(27a) と (27b) は，どちらも So で始まっていることから，この発話の話者がすでに知っている既知の情報を確認するために使われていることがわかる。(27a) と (27b) の付加疑問は，新しい情報の伝達というよりは既知の情報を確認し，その情報に対する（この場合は好ましい）話者の気持ちを伝えるような機能をはたしている。一方，(27c) では so が使われていないが，相手（you）の言動から相手が自分のことを funny であること思い込んでいることがみてとれるような場合の付加疑問の使われ方である。たとえば，誰かが（おもしろくもない）冗談をいったとしたら，いった当人は少なくともおもしろいつもりで冗談をいっているので，そのことが聞き手に伝わる。この付加疑問は，この「おもしろいつもり」に驚きやあきれた気持ちを表すような形で使われる。

　付加疑問文は，通常，話者が正しいと思っていることを確認するために用いられる。しかし，話者が主文の内容の正しさに確信がもてないような場合も［肯定-肯定］の組み合わせで付加疑問文が用いられる。

(28) a. Your mother's at home, is she?　（お母さんはご在宅ですか。）
　　　b. This is the last bus, is it?　（これが最終バスですよね。）
　　　c. You can eat shellfish, can you?　（貝や甲殻類を食べられますよね。）
　　　　　　　　　　　　　　　　　　　　　　　　　　　　（Swan（2005: 472））

(28a) の主文 Your mother's at home は，話者が知っている情報というよりは，想定（guess）している内容で，それを確認するために is she? が使われているのである。(28b) や (28c) でも同様で，話者が「このバスが最終便であること」や「聞き手が貝や甲殻類を食べること」を自らの知識に照らして正しいとは思っているが，

念のため聞き手に真偽を確認するような形で使われている。また，否定の主文に対して，否定の付加疑問をつけることもある。

(29) I see. You don't like my cooking, don't you?
　　（わかったよ。俺の料理が気にくわないんだな。違うっていうのか。）

　　　　　　　　　　　　　　　　　　　　　　　　　　　　　　（Swan (2005: 472)）

こうした場合，普通は好戦的な (aggressive) ニュアンスとなる。(29) の話者は，自分がつくった料理を聞き手が気に入っていないことを察知し，You don't like my cooking とまず主節の否定文でこれを表現している。さらに通常であれば，主文が否定の場合，付加疑問は do you といった肯定表現が用いられるのに，(29) では付加疑問も否定にしている。この組み合わせによって話者は否定的な料理の評価に対する不満を表明することができる。

9.4　名詞と性

　ヨーロッパの多くの言語と違い，英語の名詞には名詞の性を区別する形態が存在しない。たとえばドイツ語では (30a) のように，冠詞などを用いて名詞の性を区別する。

(30) a. **der** Mond［男性］　　**die** Hand［女性］　　**das** Buch［中性］
　　　b. the moon　　　　　　 the hand　　　　　　 the book

冠詞 der, die, das によって名詞が男性，女性，中性へと分類される。ドイツ語の (30a) に対応する英語の (30b) をみるとわかるように，英語ではドイツ語のように体系的に名詞の性を形態によって区分することがない。しかし，英語にも限られた範囲で性の区別が明示されることがある。男女間の差別が意識される現代社会にあって，そのような表現に特別の注意を払うことは重要である。また，ネイティブ達の問題意識を反映して，性別の表現は英語の（歴史的な）変化が顕著にみられる領域でもある。この節では英語の名詞の性別の形態について考えていく。
　英語での性別の区別の表し方には主に 4 種類ある (cf(31)〜(34))。

(31) 完全に別の単語を使う場合

father-mother　son-daughter　uncle-aunt　man-woman　he-she
父-母　　　　息子-娘　　　　おじ-おば　男-女　　　　彼-彼女

(32) 接尾辞によって分ける場合

act**or**-act**ress**　　waiter-wait**ress**
俳優-女優　　　ウェイター-ウェイトレス

(33) 形容詞によって分ける場合

male nurse　　　female officer　woman doctor　male dancer
（男性看護師）（女性警官）　　（女医）　　　（男のダンサー）

(34) -man / -woman という複合語にする場合

chair**man**　English**man**　police**woman**　spokes**woman**
（議長）　　（イギリス人）（女性警官）　　（女性報道官）

（Biber et al.（1999: 85-86））

　ここでいくつか注意が必要である。まず接尾辞によって使い分けをする (32) のような場合，-ess は例外なく女性を表すが，-or や -er がついた単語は男性だけを表すわけではない。teacher や doctor は男性でも女性でも指すことができる。また，男性と女性が混じっている集団を指す場合には，actors や waiters のように非女性形を複数形にして使う。

　(33) のように，male / female などを形容詞としてつけて性別を分ける場合，大抵どちらの性が一般的なのかという想定があって，一般的ではないほうに性別をつける。male nurse という表現には nurse が普通は女性であるというある種の社会的な暗黙の慣習が反映されている。

　こうした言語の性別に関する使われ方は，ある種の偏見や男女間の社会的不平等を反映しているとみることもできる。(35) のような例では, 明らかに spokesman という男性形の単語が女性 Rosie Johnson を指している。これは spokesman という職業の典型が男性であるという先入観を反映しているとみることもできるだろう。

(35) Eyeline **spokesman** Rosie Johnson said："We don't need a vast sum, but without it we'll be forced to close."
（アイライン社の広報担当者であるロジー・ジョンソンは「私たちは巨額の資金が必要なわけではないが，なければ会社が倒産するかもしれない」といった。）

（Biber et al.（1999: 86））

こうしたことばによる性差別を回避する方策として，最近では性に中立な -person を -man や -woman に代わって用いる傾向がある（cf(36)）。

(36) a. Mrs. Ruddock said she had been nominated as **spokesperson** for the wives.
　　　　（ラドックさんは，自分が結婚している女性の代弁者として推薦されたといった。）
　　 b. Salespersons by the thousands have been laid off in the recession.
　　　　（不景気の中で，店員がこれまでに何千人も解雇された。）

(Biber et al.（1999: 86））

しかし，性に中立な -person や -people が用いられる割合は，中立ではない -man や -woman が用いられる割合に比べて高いとはいえず，こうしたやり方が成功しているとは必ずしもいえない。中立的な表現として定着した語には chairperson(s)（議長），spokesperson(s)（広報担当者），salespeople（店員）などがある。

　英語には，somebody, everyone, they, who のように性別を表さない人称表現も数多くある。しかし，三人称単数の人称代名詞は，性別を特定しなければ使えない he（男性）か she（女性）しかない。このことは，ネイティブ達にとって代名詞で言い表したい人物が男性であるか女性であるか特定されていない場合にとくに問題となる。

(37) *Each novelist* aims to make a single novel of the material he has been given.
　　　（小説家は与えられた素材から1冊の小説を書こうとするものである。）

(Biber et al.（1999: 87））

(37) は小説家一般について言い表した文章で，each novelist（1人1人の小説家）は男性であってもいいし女性であってもいい。文の後半で every novelist を指す代名詞 he は形態的に男性形であるが，男性か女性かを特定していない中性的な使われ方となっている。問題は，男性形の he が男女不問の形を兼ねているが，その逆ではないということである。つまり，女性形の she は女性しか指さず，中性的な使われ方はされない。やはりこれも，ある種の言語的男女差別であるといえる。

　このような三人称単数の人称代名詞の問題を回避する方策がいくつかあり，実際にネイティブの間では広く使われている。たとえば，he や his を使って性別不特定の名詞を言い換える代わりに，he or she または his / her のような形を用いることで男性形の優位さを回避することができる（cf(38)）。

(38) a. It's the duty of every athlete to be aware of what <u>he or she</u> is taking.
　　　　（自分が何を摂取しているかを認識しておくのは，スポーツ選手の義務である。）

　　 b. Thus, the user acts on <u>his / her</u> own responsibility when executing <u>his / her</u> functions within <u>his / her</u> task domain.
　　　　（したがって，自分に割り当てられた仕事の中で役割をこなす際，使用者は自分の責任で行動することになる。）　　　　　　　　　　　　　　　（Biber et al. (1999: 87)）

また口語では，本来単数形である everybody や somebody そして nobody などを複数形の they で言い換えて性別の問題を回避するという方策も用いられる（cf (39)）。

(39) a. Not everybody uses <u>their</u> indicator.
　　　　（全員が自分の指標を利用するわけではない。）

　　 b. Somebody left <u>their</u> keys. These aren't yours？
　　　　（誰か鍵を忘れているよ。あなたのではないですか。）

　　 c. Nobody likes to admit that <u>they</u> entertain very little, or that <u>they</u> rarely enjoy it when <u>they</u> do.
　　　　（実際人を楽しませていたり，楽しんで何かをやっているのに，ほとんど楽しませていないとか，めったに楽しめないとは誰も言いたくないだろう。）
　　　　　　　　　　　　　　　　　　　　　　　　　　　　　　（Biber et al. (1999: 87)）

　英語では，「一般に～は」という人や物に対する一般化を述べる際に「the ＋ 単数形の名詞」という形の主語を用いることがある。

(40) a. <u>The teacher</u> finds that <u>he or she</u> needs more time.
　　 b. <u>Teachers</u> find that <u>they</u> need more time.
　　　　（教師はもっと時間があればいいと思うことがある。）　　　（Biber et al. (1999: 87)）

　(40a) がそのような例である。このような一般化を表す主語を代名詞で言い換える場合，慣習的な he を用いると性別の表示の問題が起きてしまう。性差別的な問題を避けるには he or she のように言い換えることになる。しかし，(40b) のように同じく一般化を表すことができる無冠詞複数形の主語を用いると，複数形の they で言い換えることになるので性別の問題が起こらない。これも今の時代を反映したネイティブたちの工夫とみることができる。

10

語を越えて：音編

　第9章同様，本章でも，単語という枠を越え，より大きな句や文のレベルにおける音現象を中心に取り上げる。

　強勢が英語において意味的まとまりを示すうえで重要な概念であることは，これまでの章ですでに紹介してきた。これに加え，強勢は英語の言語リズムを形成する担い手としても重要な役割をはたしている。もちろん世界の言語すべてが英語のように強勢によって言語リズムを刻むわけではない。たとえば，日本語はそもそも強勢言語ではないので，言語リズムを形成するうえで強勢を用いることはできない。したがって，英語とは異なった方法で言語リズムを形成することになる。

　次節ではまず言語リズムの概要について簡単にまとめておこう。

10.1 言語のリズム

　リズムは同じ構造が繰り返されることによって生み出されるもので，楽器を弾いたことのない人でも，曲の中にツクツク♪チャカチャカ♪という構造が繰り返し聞こえてくると，サンバらしい「リズム」を感じとることができるだろう。また，このサンバのリズムはズンチャッチャ♪ズンチャッチャ♪というワルツのリズムとは明らかに異なるということも聞き分けることができるはずだ。音楽の世界においては，ジャンルごとに特徴的なリズムが存在する。同様に，ことばの世界にもそれぞれの言語ごとに独特のリズムが存在する。

　言語の「リズム」は，ほぼ等しい間隔をおいた音の強弱や高低そして長短などが繰り返されることで生み出される。世界の言語は，繰り返される言語構造に応じて，一般的に強勢拍リズム（stress-timed rhythm）の言語と音節拍リズム（sylla-ble-timed rhythm）の言語に大別される。前者は，強勢アクセントを担う音節が相

対的にほぼ等しい時間間隔で繰り返し現れることで生み出されるリズムである。一方，後者は，音節がほぼ等しい長さで繰り返し発音されることで生み出されるリズムである。どちらの場合も，4.1 節で取り上げた「音節」という単位が重要な役割をはたしているという共通点がある。英語やドイツ語そしてオランダ語などのゲルマン系言語やロシア語，ポーランド語などのスラブ系言語は強勢拍リズムの言語といわれている。これに対し，フランス語やイタリア語そしてスペイン語などのロマンス系言語や中国語などは音節拍リズムの言語といわれている。日本語も音節拍言語の一種として分類される。しかし，実際は，モーラ[1]という単位がほぼ等しい長さで繰り返し発せられることでそのリズムが生み出されるので，モーラ拍リズム（mora-timed rhythm）といったほうがより厳密といえよう。

　以下，英語の強勢拍リズムの特徴を，日本語のモーラ拍リズムと比較しながら，少し詳しくみていくことにする。

10.2 英語のリズム，日本語のリズム

　上述のとおり，英語のリズムは，強勢をもつ音節が規則的な時間間隔で現れることで形成される。これに対し，日本語のリズムは，モーラがほぼ同じ長さと強さで発音されることで形成される。モーラとは一定の時間的長さをもつ音の単位のことで，これを（1a）に示す四角を使って捉えるならば，日本語のリズムは四角 1 つに相当するモーラ構造がほぼ等しい長さで繰り返し発せられることで生み出されると解釈できる。

(1) a. メイはおじいさんに会いました。
　　　□□□□□□□□□□□□□□　（□＝1 モーラ）
　　b. May, met, her, grandfather　（単語の列挙）
　　　　S　　S　　S　　S　w　w
　　c. May met her grandfather.　（1 つの文）
　　　　S　 S w 　 S w w
　　　　（S＝強勢をもつ強（strong）音節，w＝強勢をもたない弱（weak）音節）

(1a) ではモーラが規則的に繰り返される様相を，四角（□）を 14 個を並べるこ

---

1)　一部の例外を除いて仮名文字 1 文字に対応する（詳細は 10.2 節参照）

とで表している。つまり,「メイはおじいさんに会いました」という文を発音する
際,私たちが感じとる「日本語らしい」言語リズムは,ほぼ同じ長さを有するモー
ラが規則的に 14 回繰り返されることで生まれるということだ。俳句や短歌をつ
くる時,この四角 1 つぶんを基本単位としながら 5-7-5 や 5-7-5-7-7 と数えてい
ることになる。

　このように数えられるということ自体,すべてのモーラをほぼ等しい長さのも
のとして私たちが捉えている何よりの証といえよう。ただし,実際の発話におい
てすべての音がまったく同じ長さと強さで発音されるわけではもちろんない。た
とえば,無声音は相対的に有声音よりも短く発音されるなど,それぞれの音のも
つ物理的特性が異なる。四角が示す 1 モーラというのはあくまでも心理的レベル
としての音韻単位を意味する。このように,日本語では,モーラの繰り返しによ
り言語リズムが形成される（モーラ拍リズム）。では,英語の場合はどうであろう
か。

　英語の強勢拍リズムを考えるうえで,まずは語アクセントを出発点としよう。
すでに第 8 章で確認したとおり,英語の場合,語アクセントは強勢に基づいて付
与される。したがって,すべての単語が語強勢（word stress）を担うので,1 語内
の特定の音節に必ず強勢が 1 つ付与される。つまり,(1b) のように単に単語が列
挙されている場合は,すべての語に必ず強勢を付与して発音する。May や met,
それに her のように 1 音節語であればそれぞれの母音に強勢が置かれる。複数の
音節からなる多音節語の場合は,語内の特定の 1 音節の母音に強勢が置かれる
（例：grándfather）。このようにすべての単語に付与される語強勢だが,これらの
単語が文ないし句の中で連続体として用いられると,一部の単語は自身が本来も
つ語強勢を失い,弱く発音される。つまり,文や句の中での強勢は,必ずしも語
強勢と一致しているわけではない。文の中で語が受ける強勢は,単語レベルで付
与される語強勢とは区別して文強勢（sentence stress）という。(1b) と (1c) を比べ
てみるとわかるように,単語として発音した (1b) の her は強勢が付与されるのに
対し,(1c) のように her が文中に現れるとその強勢は失われる。こうした違いが
生じるのはなぜかというと,(1b) の her は語強勢を担っているのに対し,(1c) で
は文強勢を担わず,無強勢（w）で発音されるからだ。単独で発音される際に付与
されていた語強勢が,文もしくは句の中で付与されなくなる現象は,人称代名詞
her などの「機能語（function words）」とよばれる語群で観察される。これに対し,

語強勢がそのまま文強勢としても発音されるものの多くは，grandfather などの「内容語（content words）」とよばれる語群で観察される。

　内容語と機能語は対をなしており，前者は名詞や形容詞そして副詞や動詞など，具体的な意味内容をもつ語のことをいう。これに対し，後者は明確な意味内容をもたず，文を組み立てるための文法的な役割をはたす語のことをいう。機能語はher などの人称代名詞のほか，前置詞や冠詞そして接続詞や助動詞などが含まれる。特殊な場合を除き，発話の際には，意味情報の高い内容語には強勢が付与され，逆に，意味情報の低い機能語には強勢が付与されない。内容語と機能語の大まかな区分は表 10.1 のとおりである。

表 10.1　内容語と機能語の区分

内容語		機能語	
発話において強勢を受けやすい		発話において強勢を受けにくい	
主な品詞と例：		主な品詞と例：	
名詞	flower, ice-cream	人称代名詞	his, she, them
動詞	bloom, eat	前置詞	at, in, on
形容詞	beautiful, delicious	冠詞	a, the
副詞	beautifully, quickly	接続詞	and, or
疑問詞	what, who	助動詞	can, may
間投詞	gosh, hey, wow	関係詞	which, that
指示詞	that, this	be 動詞（連結動詞）	am, are, is

　なお，上述のとおり，機能語は強勢を受けないで発話されるのが一般的だが，文末に配置される際，あるいは縮約形で用いられる際など，一部特殊な場合においては強勢を受けることもある（詳細は 10.4.2.1 参照）。

　以上のことを踏まえ，強勢拍リズムについて少し詳しくみてみることにしよう。概説書によると，強勢拍リズムの特徴は以下の (2) のようにまとめることができる。

(2)　"...stress-timed rhythm implies that stressed syllables will tend to occur at relatively regular intervals whether they are separated by unstressed syllables or not."
（強勢拍リズムというのは，強勢音節が，無強勢音節の介在の有無を問わず，相対的に等間隔に生起することを意味する。）　　　　　　　　　　　　（Roach（2009: 107））

この点を踏まえて（1c）をより詳しくみてみよう。もう一度，（1c）を以下に（3）と
して再掲する。

(3) May met her grandfather.
　　　S　　S w　　S w w　　(S＝強勢をもつ強音節，w＝強勢をもたない弱音節)

(2) で述べている「強 (勢) 音節が相対的に等間隔に生起する」というのは，(3) の
下段にある S w や S w w のような囲い 1 つぶんがほぼ同じ時間的間隔で発音さ
れることを意味する。この四角で囲った構造は 1 フット (foot) という音韻単位に
相当する。つまり，フットは英語の場合，強音節と弱音節からなるリズム単位と
定義することができる。フットが繰り返すリズムには等時性 (isochrony) があり，
このフットの繰り返しにより生まれる英語のリズムを「等時性リズム」という。
　さらに，(2) において，強音節が「無強勢音節の介在の有無を問わず」相対的に
等間隔に生起するとあるのは，フットには必ず強音節が 1 つ含まれていなければ
ならないが，弱音節 (w) に関しては，あってもなくてもよいということを意味す
る。つまり，May のように弱音節がなく，強音節だけでフットを形成することも
できるし (S)，grandfather のように複数の弱音節を従えてもよい (S w w)。た
だし，当然のことながら，強音節が密集して存在している状況よりは，適度な間
隔を互いに保っていたほうがリズムが刻みやすく，発音しやすい。そこで，英語
においては，この発音のしやすさを担保するために，本来強勢の付与位置が固定
されているはずの語強勢を犠牲にすることさえある。(4) の例をみてみよう。

(4) a. 本来の語強勢位置　b. 実際観察される語強勢 (移動後)
　　　compáct dísc　　　　**cómpact dísc**　　(コンパクトディスク，CD)
　　　 w　 S　 S　　　　　　　S　 w　 S
　　　thirtéenth pláce　　　**thírteenth pláce**　　(13 着)
　　　 w S　 S　　　　　　　S w　 S
　　　Japanése dóll　　　　**Jápanese dóll**　　(日本人形)
　　　 w w S　 S　　　　　 S　 w w S

(4a) が示すのは，いずれも複合語のそれぞれ前部要素を本来の語強勢で発音した
際のリズム構造である。(4a) にある 3 例とも複合語の前部要素の語末に強勢が付
与されており，なおかつ後続するのは単音節語であるという共通点がある。その
結果，これらの例においては強音節 (S) が隣接して生起する。強音節同士が隣接

することを強勢衝突（stress clash）という。衝突は，人間界においてはぜひとも避けたいものだが，ことばの世界も同様で，英語はこの種の衝突を回避するために語強勢を移動させてしまうことがある。(4a) のリズム構造を (4b) のものと比べてみると，語強勢を本来の位置から移動させることで見事に強音節（S）の連鎖をなくすことに成功していることがわかる。語が本来もつ強勢位置を守ることよりも，等時性リズムを維持することのほうが英語にとっては重要であることがうかがえる。

　等時性リズムを刻むフットという単位は，同一の単語内でひとまとまりをなすこともあれば，単語を越えてひとまとまりをなすこともある。つまり，英語のリズムの担い手であるフットの境界は，語境界と必ずしも一致しておらず，表 10.2 にまとめてあるように，単語にも文にもあてはまるという特徴をもつ。

表 10.2　語強勢と文強勢の強勢パターン

強勢パターンの例	語の例	文の例
強弱（Sw）型	mother S　w	Stop it ! S　w
弱強（wS）型	attend w S	It hurts. w　S
弱強弱（wSw）型	abandon w S　w	We found it ! w　S　　w

　本来固定されているはずの語強勢を時には無視し，さらには語の境界をも越えて強勢音節がほぼ同じ時間的間隔で現れる英語の言語リズムは，ダッダ♪ダッダダ♪というような「弾むリズム」の連続を感じとることができる。これに対し，機関銃のようなダ・ダ・ダ・ダ・ダというリズムをもつと評される日本語は，1つ1つのモーラが同じ長さで発音されるので，英語のような弾むリズムは感じられない。日本語母語話者が英語を発音する際に，メリハリのない単調な発音になる傾向が強いのも英語と日本語それぞれの言語のリズム構造の違いが影響を及ぼしていると考えられる。

10.3　英語のリズムと語順

　前節では，機能語の弱化や語強勢の移動に英語の等時性リズムが関与している
ことを確認した。本節では英語のリズムと語順の関係を取り上げる。

　等位接続詞 and は前部要素と後部要素を対等に連結させるはたらきをもつこと
から，A and B もその逆の B and A も基本的に意味に違いは生じないはずだ。これ
に加え，and の前後の要素は文（I made cookies and Tom baked apples.）でも句（to
sing and to play）でも語（John and Mary）でも構わない。つまり，and は意味的にも
統語的にも制約が比較的少ない接続詞であるといえる。それにもかかわらず，固
定された語順というものが存在する。固定された語順の代表的なものとしては，
(5) にあげたような意味的制約に起因するものがある。

(5) a. [近い存在] **and** [近くない存在]

　　　 come and go（行き来する），here and there（あちらこちら），in and out（内外に），this
　　　 and that（あれやこれや），tomorrow and the day after（明日と明後日），yesterday and
　　　 the day before（昨日と一昨日）

　　 b. [大人] **and** [子ども]

　　　 cat and kitten（猫と子猫），cow and calf（牛と子牛），father and son（父と息子），
　　　 parent and child（親と子），son and grandson（息子と孫息子）

　　 c. [単数] **and** [複数]

　　　 singular and plural（単数と複数），monolingual and bilingual（単一言語使用と二言語
　　　 併用）

　　 d. [前] **and** [後ろ]

　　　 bow and stern（船首と船尾），front and back（前と後ろ），front and rear（前方と後方）

　　　　　　　　　　　　　　　　　　　　　　　　　　　　 (Cooper and Ross (1975: 65))

(5) の例は，いずれも何らかの意味上の理由から and の前後の要素がほぼ固定的
に配置されていると解釈できる。たとえば，(5a) は時間的ならびに空間的観点か
らみて，より身近なほうが and の前に，身近でないものが and の後ろに位置して
いる。仮に時間軸に沿って語順が決定されているのであれば，yesterday and the day
before という語順にはならないはずだが，yesterday（昨日）のほうが the day before
（一昨日）より前にあるのは，「いま（now）」に時間的により近いほうを and の前に

置くという原則に従っていると考えられる。同様に，here and there や this and that
なども空間上，より身近なものからそうでないものの順になっている。

　(5b〜d) の例も同様に，論理的な根拠に基づいた意味的制約が背後にはたらい
ていると解釈できる。しかし，すべての固定的な A and B 表現がこのような意味
的制約に基づいて説明できるわけではない。たとえば，9.4 節の (31)，(32) にあ
げた性差に関する例を考えてみよう。これらの表現を連結させ，and を用いて表
現する際，一般的にネイティブは son and daughter や man and woman そして actor
and actress といった語順を好むとされる。たしかに英語の母語話者でない私たち
でも，daughter and son や woman and man そして actress and actor という表現にはど
こか不自然さを感じる。これらの表現がなぜ特定の語順でしか現れないのだろう
か。この点についてもう少し掘り下げて考えてみよう。

　表 10.3 に代表的な男女を表す A and B 表現とそのパターンをまとめてみた。

表 10.3　男女を表す A and B 表現

	一般的な語順	一般的でない語順
a.	male and female S　w　　S　w man and woman S　w　　S　w son and daughter S　w　　S　w	female and male S　w　w　　S woman and man S　w　w　　S daughter and son S　　w　w　S
b.	ladies and gentlemen S　w　w　　S　w　w	gentlemen and ladies S　w　w　w　　S　w
c.	boys and girls S　w　　S brothers and sisters S　w　w　　S　w king and queen S　w　　S Mr. and Mrs. S w　w　　S w	girls and boys S　w　　S sisters and brothers S　w　w　　S　w queen and king S　w　　S Mrs. and Mr. S w　w　　S w

表 10.3 の (a) の例からみてみると，一般的な語順は，みな「男性表現 and 女性表

現」である。必ずこの語順でなければいけない論理的根拠はないにもかかわらず，
この語順が一般的なのはなぜだろうか。

　それぞれのリズム構造に目を向けてみることにしよう。まず (a) の例は，いず
れも一般的な表現のほうはＳｗＳｗという規則的な構造を有している。これに
対し，一般的でない female and male や woman and man そして daughter and son の
表現はどれもＳｗｗＳの構造となっている。この 2 つのリズム構造を比較する
と，前者よりも後者のほうがＳとｗの生起パターンに規則性がないことがわかる。
このことから，(a) の例は，いずれも意味的制約による語順ではなく，英語の等時
性リズム保持のための音韻的なメカニズムが関与していると想定できる。つまり，
強勢が等間隔に生起しやすいように，強音節間にある無強勢音節の数が一定とな
るように調整した結果の語順であることが読みとれる。

　次に表 10.3 の (b) の例に目を向けてみよう。「みなさん！」と呼びかける際に，
英語で一般的に用いる表現は "Ladies and gentlemen!" である。その逆の "Gentle-
men and ladies!" の語順が使われるのはよほど特殊な場合であろう。(b) の語順に
着目してみると，(a) の例とは逆で，「女性表現 and 男性表現」となっている。意
味的制約が関与していないさらなる証拠だ。ではリズム構造はどうであろうか。
一般的に用いられる ladies and gentlemen の語順では，Ｓｗｗのリズムが規則的に
繰り返されている。これに対し，その逆の gentlemen and ladies の語順では，リズ
ム構造がＳｗｗｗＳｗという不規則で「不安定な構造」となっている。つまり，
同じＳｗｗという構造が規則的に繰り返されるほうがリズムがとりやすく，発音
しやすいことから，ladies and gentlemen が好まれて使われていると解釈できる。

　以上，表 10.3 の (a) と (b) の例から，英語の語順を決定する際には，意味的制
約に加えて音韻的制約，とりわけリズム構造が重要な役割をはたしていることが
わかる。ただし，A and B と B and A どちらの場合もまったく同じリズム構造を有
している例においては，どうも男性を表す表現が女性を表す表現よりも前に配置
される傾向にあるようだ。表 10.3 の (c) における一般的な表現とそうでないもの
とを比較すると，どの場合も「男性表現＋女性表現」の語順が固定化されている
ようだ。たしかに「ごきょうだいは何人いらっしゃるの？」と尋ねる際，兄弟や
姉妹どちらが先にきてもよさそうなものだが，ネイティブに "How many brothers
and sisters do you have?" と聞かれることはあっても，"How many sisters and brothers
do you have?" と聞かれることはまずない。小学校の先生が「みなさん，お静か

に！」と注意する際も"Boys and girls, be quiet!"とは言うけれども，"Girls and boys"と呼びかけるのはよほど特殊な場合に限られるはずだ。このほか，actor and actress や waiter and waitress などの例も，いずれも A and B と B and A は同じリズム構造を有しているが，「男性表現 and 女性表現」のほうがその逆の語順よりも一般的である。

　もともとキリスト教の教えでは，アダム（男性）の喉仏からイブ（女性）が誕生したことになっているので，この誕生した時系列に沿った名残りとして男性を表す表現が先に配置されるのだろうか。たしかに，husband and wife（新郎新婦）と，その逆の wife and husband を比べると，前者の S w w S というリズム構造よりも，後者のほうが規則的な S w S w の構造となる。それでも，より不安定な S w w S のリズムのほうが慣習的によく用いられるということは，男性表現を先に配置させたい何らかの力が背後にはたらいているような気もする。ただし，bride and groom（花嫁花婿）の語順が好まれ，その逆の groom and bride（花婿花嫁）は好まれないなど，一部の表現では，A and B と B and A それぞれのリズム構造が同じ場合であっても，女性を表す表現が先行することがある。とくに mom and dad や mother and father など，両親が関与する表現においては，お父さんよりもお母さんが and の前に配置される表現のほうが好まれるようだ。これは人間に限ったことではなく，duck and drake（アヒルの雌，雄）や goose and gander（ガチョウの雌，雄）など，ほかの生き物にも同様の傾向が読み取れる。ちなみに，日本語では，一般的に音読みでは「雌雄（シユウ）」のほうがその逆の語順よりも一般的だが，訓読みの場合は逆転し，「雄雌（オスメス）」のほうが「雌雄（メスオス）」よりも一般的だ。さらに，「父母会」とはいえても「母父会」とはいえない。改めて注意深く観察してみると，それぞれの言語における男女表現はなかなかに奥深い。

　以上みてきた言語リズムのほか，語順に影響を及ぼしている音韻的な制約として母音の配置をあげることができる。8.4 節の語彙複製の説明の際，前部要素の母音に対して後部要素は，より口を広げて発音する母音（広母音）が配置される傾向にあるということを紹介したが，A and B の形をとる慣用句においても同様の傾向が読み取れる。(6) に代表的な例をあげておこう。

(6) dribs and drabs（少しずつ），spic and span（きちんとしていて清潔である），
　　　/drɪb/　　/dræb/　　　　/spɪk/　　/spæn/

by guess and by gosh（当てずっぽうで），hem and haw（躊躇する，口ごもる）
　　/gɛs/　　　　/gɑʃ/　　　　　　　　/hɛm/　　/hɔː/

いずれも，前部要素と後部要素の語頭子音同士が同じ音で頭韻を踏んでおり，な
おかつ A and B の前部要素（A）に含まれる母音よりも後部要素（B）に含まれる母
音のほうが広母音（つまりより低い位置で発音される母音）となっているという
共通点がある。

10.4 | 語強勢と文強勢の原則に反する例

　前節では，本来移動が認められない英語の語強勢が，強音節の衝突を回避する
目的で例外的に移動する例を取り上げた。本節では，語強勢や文強勢の原則に反
するような例外についてさらに掘り下げてみよう。

10.4.1　複合語における例外的な語強勢

　通常，複合語は bláckboard（黒板）と gréenhouse（温室）にみられるように原則と
して前部要素に第 1 強勢が付与される［1＋2］型の強勢パターンをもつ（第 8 章
参照）。ところが，2 つの複合語の後部要素の意味的対比を明確にしたい場合，通
常の強勢パターンを破り，前部要素ではなく，後部要素に第 1 強勢を付与する［2
＋1］型の強勢パターンになることがある。（7）の例をみてみよう。

　（7）I told you he was a <u>bank</u> **clérk**, not a <u>bank</u> **président**.
　　　（言ったでしょ，彼は銀行員であって，頭取ではないのよ。）

通常，bank clerk, bank president は複合語なので，どちらも［1＋2］型の強勢パタ
ーンで発音される（**bánk** clerk, **bánk** president）。ところがこの 2 つの複合語の場合，
ともに前部要素に bank という共通要素があるため，両者の意味の違いは後部要素
の clerk と president によってもたらされる。意味をより効率的に伝達するために
は，意味の違いを担っている要素が目立つように発音するほうが得策だ。しかし，
この 2 つの複合語を本来の［1＋2］型で発音したのでは，意味の違いをもたらす
後部要素を際立たせることができない。そこで，後部要素の対比の意味合いを強

めたい (7) のような文脈では，前部要素に強勢を付与する複合語強勢規則（第 8 章参照）に反し，意味の違いを担っている後部要素に強勢が移動し，［2＋1］型のパターンで発音するのが一般的である。このように強勢位置を移動させることで意味的対立をより明確にすることができる。

　ところで，複合語の中にはかなりの数の［2＋1］型も存在するということを第 8 章で紹介した。では，［2＋1］型の複合語において，前部要素の意味的対比を際立たせるにはどのように発音をすればよいのだろうか。このような場合も難しく考える必要はまったくなく，意味的対比をもたらす要素のほうに第 1 強勢を付与すればよい。すなわち，仮に back dóor や apple píe のような［2＋1］型複合語の前部要素を際立たせたい時は，本来の語強勢の位置を無視し，前部要素が強勢を担う［1＋2］型のパターンで発音すればよい（(8a) と (9a) を参照）。もちろん［2＋1］型の複合語の後部要素の意味的対比を強調したければそのまま本来の［2＋1］型で発音すればよい（(8b) と (9b) を参照）。

(8) a. I told Johnny to come in the **báck** door, not the **frónt** door. ［［1＋2］型にシフト］
　　　（私はジョニーに表戸からではなく，裏戸から入るように言った。）
　　b. I told Johnny to come in the back **dóor**, not the back **wíndow**. ［本来の［2＋1］型］
　　　（私はジョニーに裏窓からではなく，裏戸から入るように言った。）
(9) a. Mary wanted **ápple** pie, not **púmpkin** pie. ［［1＋2］型にシフト］
　　　（メアリーは**カボチャパイ**ではなく，**リンゴ（アップル）**パイが欲しかった。）
　　b. Mary wanted apple **píe**, not apple **cíder**. ［本来の［2＋1］型］
　　　（メアリーはリンゴ**サイダー**ではなく，リンゴ（アップル）**パイ**が欲しかった。）

ネイティブの感覚としては，複合語が本来もつ強勢のパターンに忠実に従うよりも，文中において意味的に重要な要素を際立たせて発音させることのほうが優先度が高いということだ。

10.4.2　語強勢を保持する機能語
　上述のとおり英語の単語は本来ならば必ず語強勢を担っているはずだ。しかし，機能語はとくに明確な意味内容をもたないことから，通常は句や文の中では語強勢を失い，弱化が起きる。このように，機能語はその発音の違いによって「強形」と「弱形」があり，語強勢を担っている時は「強形」が用いられ，語強勢を失った状態では「弱形」が用いられる。「強形」と「弱形」は綴りのうえでは違いがな

いが，音質にはかなり顕著な違いが認められる。

10.4.2.1 機能語の強形と弱形

機能語は，文や句の中では一般的に強勢を受けず，弱く発音される。このような「弱い発音」を「弱形（weak form）」という。これに対し，辞書に記載されている語強勢を担った本来の「強い発音」を「強形（strong form）」という。強形は，機能語が句や文の中で強調される時，あるいは対照的な意味をもつ時などに現れる。強形と弱形は綴りがまったく同じで，母音の音質や強さ，長さといった音声面のみに違いがある。

英語には，強形と弱形をあわせもつ単語が約 40 語存在するといわれている（Roach（2012: 89））。代表的な機能語の強形と弱形それぞれの発音を表 10.4 にまとめておく。あわせて（10）～（13）に用例をあげておく。

表 10.4　機能語の強形と弱形

	機能語の例	強形	弱形
be 動詞	be	/bíː/	/bɪ/
（連結動詞）	am	/ǽm/	/əm/ (/m/)
	is	/ɪz/	/əz/
助動詞	can	/kǽn/	/kən/
	have	/hǽv/	/həv/ (/əv/, /v/, /f/)
	must	/mʌ́st/	/məst/ (/məs/)
冠詞	a	/éɪ/	/ə/
	an	/ǽn/	/ən/ (/n/)
	the	/ðíː/	/ðə/ (/ð/)
接続詞	and	/ǽnd/	/ənd/ (/ən/, /n/)
	than	/ðǽn/	/ðən/ (/ðn/, /n/)
前置詞	in	/ɪn/	/ən/ (/n/)
	of	/ʌ́v/	/əv/ (/v/)
	on	/ʌ́n/	/ən/ (/n/)

（10）強調の意味をもたせたい時

    a. 弱形　You must come.　（来るべきだ。）

    b. 強形　You **múst** come！（ぜひいらして！）

(11) 対照（対比）の意味を強めたい時

    a. 弱形　Put your bag in the box.

          （かばんを箱の中にしまいなさい。）

    b. 強形　Put your bag **ín** the box, not **ón** it.

          （かばんを箱の上ではなく，中にしまいなさい。）

(12) 文などの文法的な区切りを表す時

    a. 弱形　I'm fond of chips.　（ポテトフライ好きよ。）

             [əv]

    b. 強形　Chips are what I'm fond **óf**.　（私が好きなのはポテトフライよ。）

                   [ɑ́v]

(13) 文中で機能語が「引用」されるとき

    a. Go and check for yourself.　（自分の目で確かめてみたら。）

        [ən]

    b. The word '**and**' does not occur at the end of a sentence.

          [ǽnd]

        （'and' という単語は文末に用いられることはない。）

句や文の中では，一般的に機能語の弱形が用いられるが（(10a)，(11a)，(12a)，(13a)），強形で発音されることもある（(10b)，(11b)，(12b)，(13b)）。本来，弱形で発音される機能語が強形で発音されるということは，通常のことではない。したがって，ネイティブは通常とは異なる，何らかの特別な意味合いをもたせたい文脈において機能語を強形で発音しているはずなので，聞き取りの際には注意を要する。

10.4.2.2　機能語と not の縮約形

口語表現では，否定を表す not が be 動詞（連結動詞）や助動詞などに続く時，縮約形（n't）が用いられることがしばしばある。縮約形（contraction）は別名短縮形（short form）ともよばれるが，本来の形を「短く」することで発音がしやすくなる。たとえば，John will not go. と John won't go. の 2 つの文を比べてみると，縮約形を用いない前者は 4 つの単音節語の連鎖であるのに対し，縮約形を用いた後者は 3 語である。つまり，縮約形を使うと 1 語分発音に要する労力を節約できるので「得」することになる。日常会話でよく用いられる表現であればあるほどお得感のある縮約形が多用される傾向にあるのも頷ける。

たしかに縮約形は発音上のお得感はあるが，否定辞 not があるかないかでは意

味が真逆になるので，本来であれば not の存在の有無は明確にしておきたいところだ。しかし，縮約形 (n't) は not の中の一番目立つ要素である母音を省略することで形成されるため，その存在を確認できるのは /nt/，すなわち，鼻音 /n/ と閉鎖音 /t/ の 2 音のみということになる。つまり皮肉なことに，発音のしやすさを求めようとした結果，not の存在そのものが発音上曖昧になってしまうということだ。will not と won't のように本来の語と縮約形とがまったく異なる場合はそれでもなんとか両者を区別できるが，両者の区別が曖昧なものも存在する。

　たとえば can と can't を区別する際はどうだろうか。この場合，手掛かりとなるのは語末の閉鎖音 /t/ の存在の有無のみである。しかも閉鎖音はもともと聞こえ度が低く，子音の中でも本質的に聞き取りにくい音群に属している。これに加え，語末位置では閉鎖音 /t/ が消失してしまうことのほうが多い。そのうえさらに，もともと be 動詞（連結動詞）や助動詞は機能語であることから，通常は文強勢を担わないで弱形で発音され，目立たない存在である。このような状況で can と can't を区別することは極めて困難である。そこで，両者の違いを際立たせ，区別をしやすくするために，本来は文強勢を担わない「弱形」で発音する助動詞を，否定辞の縮約形とともに登場する際には特別に「強形」で発音している。つまり，通常 can は (14a) にあるように文強勢を担わないが，not を含む縮約形 can't の場合は (14b) のように必ず強形で発音される。

(14) a. I can go.　[aɪkəngoʊ]　（私は行けます。）
　　　 w w　S
　　 b. I cán't go.　[aɪkǽn(t)goʊ]　（私は行けません。）
　　　 w S　　S[2]

(14a) の can と (14b) の can't を比べると，前者は強勢が付与されない弱形の [kən] と発音されるのに対し，後者は強形の [kǽnt] と発音される。場合によっては，語末の閉鎖音が脱落し，can't を [kǽn] と発音することさえある。しかし，ネイ

---

2)　can't が強形で発音されると，後続の go とともに強勢衝突（第 8 章参照）が起きてしまう。そこで，強調などの特別な意味合いをもたせたい場合を除き，通常は go を弱化させ，I can't go. を [w S w] のリズムで発音する。本来 go は内容語ゆえ，原則としては強勢を保持させたいところだが，それよりも can't の意味情報の優先度が高いという証と解釈できる。

ティブは助動詞の母音の音質で肯定か否定かの判断をしているので，/t/ が消失したとしても困りはしない。つまり，ネイティブにとって，肯定か否定かの判断は語末の [nt] の問題ではなく，母音の音質の違い，つまり強い母音が存在するかどうかの問題なのである。

10.4.2.3 機能語と付加疑問文

付加疑問文は，主文に対して同意を求めるとき，あるいは念を押す時には下降調で発音される。これに対して，情報を得るための疑問文として用いられる際には上昇調で発音される。同意を求められているのか，それとも質問されているのかはしっかりと区別しておく必要がある。

付加疑問文を考えるにあたり 9.3 節の (19) の例を以下 (15) に再度まとめておく。

(15) a. You are busy, aren't you?
    （下降調：あなたは忙しいですよね。／上昇調：忙しいかしら？）

 b. They will not do that, will they?
    （下降調：彼らはそんなことしませんよね。／
    上昇調：彼らはそんなことしないかしら？）

 c. He cried a lot, didn't he?
    （下降調：彼は大泣きしましたよね。／上昇調：彼は大泣きしたの？）

相手が忙しいのを承知のうえで，相手にその同意を求めるのであれば (15a) は下降調で発音される。もし，ある程度相手が忙しいかもしれないということが想定されるものの，本当に忙しいのかを確認する目的で質問をするのであれば，上昇調で発音される。(15b) と (15c) も同様の使い分けがされる。

ここで注目したいのは，こうした文末のイントネーションの上昇および下降を定める分岐点が文中のどこにあるのかという点である。通常の疑問文の場合，文内の最後の内容語がイントネーションの分岐点になるといわれている。つまり，John likes apples.（ジョンはリンゴが好きです。）という肯定文であれば，文末に一番近い内容語である apples のところでピッチが下降する。もしこの肯定文をイントネーションを変えることで John likes apples?（ジョンはリンゴが好きですか？）という疑問文にした場合，ピッチは下降するのではなく上昇するが，イントネーションの上昇はやはり apples のところで起こる。

付加疑問文の場合は，通常の疑問文とは異なり，付加疑問箇所の助動詞が文末

の上昇と下降の分岐点としての役割を担っている。ネイティブの感覚としては，このような下降や上昇を決定する重要な役目をはたす要素は目立たせておかないといけない。そのため，機能語でありながら強形を用いて発音されることになる（例：John can't go, <u>can</u> he? の下線部の can は［kən］ではなく［kǽn］と強形で発音）。

表 1　母音音韻素性表（Davenport and Hannahs（2010: 113）を一部改変）

	iː	ɪ	uː	ʊ	ɔː	o	ɑː	ʌ	æ	e	ɛ	ə	ɚː
高舌 (high)	+	+	+	+	−	−	−	−	−	−	−	−	−
低舌 (low)	−	−	−	−	+	−	+	+	+	−	−	−	−
後舌 (back)	−	−	+	+	+	+	+	−	−	−	−	−	−
前舌 (front)	+	+	−	−	−	−	−	−	+	+	+	−	−
円唇 (round)	−	−	+	+	+	+	−	−	−	−	−	−	−
緊張 (tense)	+	−	+	−	+	+	+	−	−	+	−	−	+

表 2　子音音韻素性表（Davenport and Hannahs (2010: 112) を一部改変）

	p	b	t	d	k	g	ʔ	tʃ	dʒ	f	v	θ	ð	s	z	ʃ	ʒ	h	m	n	ŋ	r	l	w	j
音節主音性 (syllabic)	-	-	-	-	-	-	-	-	-	-	-	-	-	-	-	-	-	-	-/+	-/+	-/+	-/+	-/+	-	-
子音性 (consonantal)	+	+	+	+	+	+	+	+	+	+	+	+	+	+	+	+	+	+	+	+	+	+	+	-	-
共鳴性 (sonorant)	-	-	-	-	-	-	-	-	-	-	-	-	-	-	-	-	-	-	+	+	+	+	+	+	+
舌頂性 (coronal)	-	-	+	+	-	-	-	+	+	-	-	+	+	+	+	+	+	-	-	+	-	+	+	-	+
前方性 (anterior)	+	+	+	+	-	-	-	-	-	+	+	+	+	+	+	-	-	-	+	+	-	+	+	-	-
継続性 (continuant)	-	-	-	-	-	-	-	-	-	+	+	+	+	+	+	+	+	+	-	-	-	+	+	+	+
鼻音性 (nasal)	-	-	-	-	-	-	-	-	-	-	-	-	-	-	-	-	-	-	+	+	+	-	-	-	-
粗擦性 (strident)	-	-	-	-	-	-	-	+	+	+	+	-	-	+	+	+	+	-	-	-	-	-	-	-	-
側音性 (lateral)	-	-	-	-	-	-	-	-	-	-	-	-	-	-	-	-	-	-	-	-	-	-	+	-	-
遅延開放性 (delayed release)	-	-	-	-	-	-		+	+																
高舌性 (high)	-	-	-	-	+	+	-	+	+	-	-	-	-	-	-	+	+	-	-	-	+	-	-	+	+
低舌性 (low)	-	-	-	-	-	-	+	-	-	-	-	-	-	-	-	-	-	+	-	-	-	-	-	-	-
後舌性 (back)	-	-	-	-	+	+	-	-	-	-	-	-	-	-	-	-	-	-	-	-	+	-	-	+	-
円唇性 (round)	-	-	-	-	-	-	-	-	-	-	-	-	-	-	-	-	-	-	-	-	-	-	-	+	-
有声性 (voice)	-	+	-	+	-	+	-	-	+	-	+	-	+	-	+	-	+	-	+	+	+	+	+	+	+

閉鎖音 (stops)　破擦音 (affricates)　摩擦音 (fricatives)　鼻音 (nasals)　流音 (liquids)　わたり音 (glides)

阻害音 (obstruents)　　　　　　　　　　　　　　　　共鳴音 (sonorants)

参 考 文 献

Aarts, B.（2011）*Oxford Modern English Grammar*, Oxford University Press.

天沼　寧・大坪一夫・水谷　修（1991）『日本語音声学』くろしお出版.

Arndt-Lappe, S.（2011）Towards an exemplar-based model of stress in English noun-noun compounds. *Journal of Linguistics* **47**, 549–585.

Biber, D., S. Conrad and G. Leech（2002）*Longman Student Grammar of Spoken and Written English*, Pearson Education.

Burton, S., R.-M. Déchaine and E. Vatikiotis-Bateson（2012）*Linguistics for Dummies*, John Wiley and Sons.

Carr, P.（1999）*English Phonetics and Phonology*, Blackwell.

Collins, B. and I. M. Mees（2008）*Practical Phonetics and Phonology*, Routledge.

Davenport, M. and S. J. Hannahs（2010）*Introducing Phonetics and Phonology*, Hodder Education.

Huddleston, R. and G. K. Pullum（2002）*The Cambridge Grammar of the English Language*, Cambridge University Press.

川越いつえ（1999，2007 新装版）『英語の音声を科学する』大修館書店.

Lane, L.（2010）*Tips for Teaching Pronunciation: A Practical Approach*, Pearson Longman.

Leech, G. and J. Svartvik（2002）*A Communicative Grammar of English*, Routledge.

中郷安浩・中郷　慶（2000）『こうすれば英語が聞ける』英宝社.

中野弘三・服部義弘・小野隆啓・西原哲雄（監修）（2015）『最新英語学・言語学用語辞典』開拓社.

Plag, I.（2010）Compound stress assignment by analogy: The constituent family bias. *Zeitschrift für Sprachwissenschaft*, **29**, 143–172.

Quirk, R., S. Greenbaum, G. Leech and J. Svartvik（1985）*A Comprehensive Grammar of the English Language*, Longman.

Roach, P.（2009）*English Phonetics and Phonology: A Practical Approach*, Cambridge University Press.

佐藤　寧・佐藤　努（1997）『現代の英語音声学』金星堂.

Swan, M.（2005）*Practical English Usage*, Oxford University Press.

高尾享幸（2018）「英語の名詞＋名詞複合語における強勢位置の変異と限定的規則性」『東洋学園大学紀要』**26**(1)，93–109.

津田塾大学英文学科（編）（2012）『アメリカ英語の発音教材』研究社.

索　引

■編集委員長紹介

畠山雄二
はたけやま ゆう じ
1966 年静岡県生まれ。東北大学大学院情報科学研究科博士課程修了。博士（情報科学）。現在，東京農工大学准教授。専門は理論言語学。

おもな著書
〔単著〕
　『情報科学のための自然言語学入門：ことばで探る脳のしくみ』（丸善出版）
　『ことばを科学する：理論言語学の基礎講義』（鳳書房）
　『情報科学のための理論言語学入門：脳内文法のしくみを探る』（丸善出版）
　『理工系のための英文記事の読み方』（東京図書）
　『英語の構造と移動現象：生成理論とその科学性』（鳳書房）
　『科学英語読本：例文で学ぶ読解のコツ』（丸善出版）
　『言語学の専門家が教える新しい英文法：あなたの知らない英文法の世界』（ベレ出版）
　『科学英語の読み方：実際の科学記事で学ぶ読解のコツ』（丸善出版）
　『科学英語を読みこなす：思考力も身につく英文記事読解テクニック』（丸善出版）
　『理系の人はなぜ英語の上達が早いのか』（草思社）
　『ことばの分析から学ぶ科学的思考法：理論言語学の考え方』（大修館書店）
　『科学英語を読みとくテクニック：実際の英文記事でトレーニングする読解・分析・意訳』（丸善出版）
　『大人のためのビジネス英文法』（くろしお出版）
　『英文徹底解読 スティーブ・ジョブズのスタンフォード大学卒業式講演』（ベレ出版）
　『英語で学ぶ近現代史 外国人は歴代総理の談話をどう読んだのか』（開拓社）
　『NHK ラジオ 短期集中！3 か月英会話 洋楽で学ぶ英文法』（NHK 出版）
　『英文徹底解読 ボブ・ディランのノーベル文学賞受賞スピーチ』（ベレ出版）
〔共著〕
　『日英比較構文研究』（開拓社）
　『英語版で読む日本人の知らない日本国憲法』（KADOKAWA）
〔訳書〕
　『うまい！と言われる科学論文の書き方：ジャーナルに受理される論文作成のコツ』（丸善出版）
　『研究者のための上手なサイエンス・コミュニケーション』（東京図書）
　『完璧！と言われる科学論文の書き方：筋道の通った読みやすい文章作成のコツ』（丸善出版）
　『まずはココから！科学論文の基礎知識』（丸善出版）
　『大学生のための成功する勉強法：タイムマネジメントから論文作成まで』（丸善出版）
　『成功する科学論文：構成・プレゼン編』（丸善出版）
　『成功する科学論文：ライティング・投稿編』（丸善出版）
　『おもしろいように伝わる！科学英語表現 19 のツボ』（丸善出版）
　『テクニカル・ライティング必須ポイント 50』（丸善出版）
　『実験レポート作成法』（丸善出版）
　『英文法大事典 全 11 巻』（開拓社）

〔編著書〕

『言語科学の百科事典』(丸善出版)

『日本語の教科書』(ベレ出版)

『理科実験で科学アタマをつくる』(ベレ出版)

『大学で教える英文法』(くろしお出版)

『くらべてわかる英文法』(くろしお出版)

『日英語の構文研究から探る理論言語学の可能性』(開拓社)

『書評から学ぶ理論言語学の最先端 (上) (下)』(開拓社)

『数理言語学事典』(産業図書)

『ことばの本質に迫る理論言語学』(くろしお出版)

『ことばの仕組みから学ぶ和文英訳のコツ』(開拓社)

『徹底比較 日本語文法と英文法』(くろしお出版)

『最新理論言語学用語事典』(朝倉書店)

『理論言語学史』(開拓社)

シリーズ「ネイティブ英文法」(朝倉書店)

『正しく書いて読むための英文法用語事典』(朝倉書店)

・ホームページ：http://www.shimonoseki-soft.com/~hatayu/

■編集幹事紹介

本 田 謙 介

1969 年埼玉県生まれ。獨協大学大学院外国語学研究科博士後期課程満期退学。博士（英語学）。

現在，茨城工業高等専門学校准教授。

おもな著書

〔共著〕

『日英語の構文研究から探る理論言語学の可能性』(開拓社)

『ことばの本質に迫る理論言語学』(くろしお出版)

『ことばの仕組みから学ぶ和文英訳のコツ』(開拓社)

『時制と相』(ネイティブ英文法 1)(朝倉書店)

田 中 江 扶

1971 年愛媛県生まれ。東京都立大学大学院人文科学研究科博士課程満期退学。修士（英語学）。

現在，信州大学准教授。

おもな著書

〔共著〕

『言語科学の百科事典』(丸善出版)

『大学で教える英文法』(くろしお出版)

『くらべてわかる英文法』(くろしお出版)

『時制と相』(ネイティブ英文法 1)(朝倉書店)

著者略歴

みやこ だ はる こ
都田青子

東京都に生まれる．上智大学大学院外国語学研究科博士前期課程修了．
現在，津田塾大学学芸学部英語英文学科教授．博士（言語学）．
おもな著書
『言語におけるインターフェイス』（共編著）（開拓社）
『言語の構造と分析：統語論、音声学・音韻論、形態論』（共著）（開拓社）
『くらべてわかる英文法』（共著）（くろしお出版）
『ことばの事実をみつめて』（共編著）（開拓社）
など

ひら た いち ろう
平田一郎

東京都に生まれる．東京都立大学大学院人文科学研究科博士課程退学．
現在，学習院大学文学部英語英米文学科教授．博士（言語学）．
おもな著書・論文
『語彙範疇（Ⅱ）名詞・形容詞・前置詞』（共著）（研究社出版）
"Coordination, subject raising, and AgrP in Japanese"（*Linguistic Inquiry* **37**）
「指示表現のレトリック」（語用論研究 **20**）
など

ネイティブ英文法 3
音と形態 定価はカバーに表示

2020 年 3 月 1 日　初版第 1 刷

著 者	都	田	青	子	
	平	田	一	郎	
発行者	朝	倉	誠	造	
発行所	株式会社 朝 倉 書 店				

東京都新宿区新小川町 6-29
郵 便 番 号　　162-8707
電　話　03 (3260) 0141
F A X　03 (3260) 0180
http://www.asakura.co.jp

〈検印省略〉

教文堂・渡辺製本

シリーズ
ネイティブ英文法

編集委員長　畠山雄二

編集幹事　　本田謙介・田中江扶

英語ネイティブが母語をどう見て，そしてどう感じ，さらにはどう分析しているのか
を理解するための最良の英文法書シリーズ。最新の研究成果をふまえた体系立った構
成と読みやすい解説で，本当に使える英文法が身につく！　ハイレベルな英語力を身
につけたい学習者，英語教育に関わる教員・研究者に最適。

▎1.　時制と相　　51671-5　A5判 200頁 本体2800円

田中江扶・本田謙介・畠山雄二［著］

▎2.　破格の構造　　51672-2　A5判 192頁 本体2800円

小林亜希子・吉田智行［著］

▎3.　音と形態　　51673-9　A5判 192頁

都田青子・平田一郎［著］

〈続刊予定〉

英文の基本構造　　本田謙介・田中江扶・畠山雄二［著］

構文間の交替現象　　岸本秀樹・岡田禎之［著］

上記価格（税別）は 2020 年 2 月現在